陳杞世家第六　　史記三十六

陳胡公滿者虞帝舜之後也昔舜爲庶人時堯妻之二女居于嬀汭其後因爲氏姓姓嬀氏舜已崩傳禹天下而舜子商均爲封國（索隱曰按商均所封虞即今之梁國虞城是也）夏后之時或失或續（索隱曰按夏代猶封虞思虞遂是也）至于周武王克殷紂乃復求舜後（索隱曰按左傳虞遏父爲周陶正以服事武王杜注遏父舜之後陶正官名是生滿者也）得嬀滿封之於陳（索隱曰左傳曰武王以元女太姬配虞胡公而封之陳以備三恪）以奉帝舜祀是爲胡公胡公卒子申公犀侯立申公卒弟相公皐羊立相公卒立申公子突是爲孝公孝公卒子慎公圉戎立慎公當周厲王時慎公卒子幽公寧立幽公十二年周厲王奔于彘二十三年幽公卒子釐公孝立釐公六年周宣王即位三十六年釐公卒子武公靈立武公十五年卒子夷公說立是歲周幽王即位夷公三年卒弟平公燮立（正義曰燮先牒反）平公七年周幽王爲犬戎所殺周東徙秦始列爲諸侯二十三年平公卒子文公圉立文公元年取蔡女生子佗（正義曰徒何反）十年文公卒長子桓公鮑立桓公二十三年魯隱公初立二十六年衛殺其君州吁三十三年魯弑其君隱公三十八年

正月甲戌己丑陳桓公鮑卒索隱曰陳亂故再赴其日○正義曰甲戌己丑凡十六日桓公弟佗其母蔡女故蔡人爲佗殺五父及桓公太子免而立佗譙周曰春秋傳謂佗即五父世家與傳違○索隱曰譙周云世家與春秋傳違者按左傳桓公五年文公子他殺桓公太子免而代立經六年蔡人殺陳他立桓公子躍爲厲公而左傳以厲公名躍他立未踰年故無謚又莊二十二年傳云陳厲公蔡出也故蔡人殺五父而立之則他與五父俱爲蔡人所殺其事不異是一人明矣史記既以他爲厲公遂以躍爲利公尋厲利聲相近遂誤以他爲厲公五父爲別人是太史公錯耳而班固又以厲公爲桓公弟又誤也是爲厲公桓公病而亂作國人分散故再赴徐廣曰班氏云厲公躍者桓公之弟也厲公二年生子敬仲完周太史過陳陳厲公使以周易筮之卦得觀之否賈逵曰坤下巽上觀坤下乾上否觀爻在六四變而之否是爲觀國之光

利用賓于王杜預曰此周易觀卦六四爻辭也易之爲書六爻皆有變象又有互體聖人隨其義而論之此其代陳有國乎不在此其在異國正義曰六四變內卦爲中國外卦爲異國非此其身在其子孫正義曰內卦爲身外卦爲子孫變在外故知在子孫也若在異國必姜姓正義曰六四變此爻是辛未觀上體巽未爲羊巽爲女女乘羊故爲姜姜齊姓故知在齊姜姓太嶽之後杜預曰姜姓之先爲堯四嶽也物莫能兩大陳衰此其昌乎正義曰周敬王四十一年楚惠王殺陳湣公齊簡公周敬王三十九年被田常殺之厲公取蔡女蔡女與蔡人亂厲公數如蔡淫七年厲公所殺桓公太子免之三弟長曰躍中曰林少曰杵臼共令蔡人誘厲公以好女與蔡人共殺厲公公羊傳曰淫于蔡蔡人殺之而立躍是爲利公

利公者桓公子也利公立五月卒立中弟林是爲莊公莊公七年卒少弟杵臼立是爲宣公宣公三年楚武王卒楚始彊十七年周惠王娶陳女爲后二十一年宣公後有嬖姬生子款欲立之乃殺其太子禦寇禦寇素愛厲公子完完懼禍及己乃奔齊齊桓公欲使陳完爲卿完曰羇旅之臣（賈逵曰羇寄旅客也）幸得免負擔君之惠也不敢當高位桓公使爲工正（正義曰周禮云冬官爲考工主作器械）齊懿仲欲妻陳敬仲卜之占曰是謂鳳皇于飛和鳴鏘鏘（杜預曰雄曰鳳雌曰皇雄雌俱飛相和而鳴鏘鏘然也猶敬仲夫妻有聲譽）有嬀之後將育于姜（杜預曰嬀陳姓姜齊姓）五世其昌並于正卿（服虔曰言完後五世與卿並列）八世之後莫之與京（賈逵曰京大也○正義曰杜預云敬仲八代孫田常之子襄子盤也而杜以常爲八代者以桓子無宇生武子開與釐子乞皆相繼事齊故以常爲八代）三十七年齊桓公伐蔡蔡敗南侵楚至召陵還過陳陳大夫轅濤塗惡其過陳詐齊令出東道東道惡桓公怒執陳轅濤塗是歲晉獻公殺其太子申生四十五年宣公卒子款立是爲穆公穆公五年齊桓公卒十六年晉文公敗楚師于城濮是歲穆公卒子共公朔立共公六年楚太子商臣弒其父成王代立是爲穆王十一年秦穆公卒十八

年共公卒子靈公平國立靈公正義曰謚法云亂而不損曰靈元年楚莊王即位六年楚伐陳十年陳及楚平十四年靈公與其大夫孔寧儀行父皆通於夏姬正義曰列女傳云陳女夏姬者陳大夫夏徵舒之母御叔之妻也三爲王后七爲夫人公侯爭之莫不迷惑失意杜預云夏姬鄭穆公女陳大夫御叔之妻左傳云殺御叔殺靈侯戮夏南出孔儀喪陳國也衷其衣以戲於朝左傳曰衷其衵服穀梁傳曰或衣其衣或中其襦泄治諫曰君臣淫亂民何效焉靈公以告二子二子請殺泄治公弗禁遂殺泄治春秋曰陳殺其大夫泄治十五年靈公與二子飲於夏氏公戲二子曰徵舒似汝二子曰亦似公杜預曰靈公即位十五年徵舒已爲卿年大無嫌是公子也蓋以夏姬淫放故謂其子多似以爲戲也徵舒怒

靈公罷酒出徵舒伏弩廄門射殺靈公左傳曰公出自其廄孔寧儀行父皆奔楚靈公太子午奔晉徵舒自立爲陳侯徵舒故陳大夫也夏姬御叔之妻舒之母也成公元年冬楚莊王爲夏徵舒殺靈公率諸侯伐陳謂陳曰無驚吾誅徵舒而已已誅徵舒因縣陳而有之羣臣畢賀申叔時使於齊來還獨不賀賈逵曰叔時楚大夫莊王問其故對曰鄙語有之牽牛徑人田田主奪之牛徑則有罪矣奪之牛不亦甚乎今王以徵舒爲賊弑君故徵兵諸侯以義伐之已而取之以利其地則後何以令

於天下是以不賀莊王曰善乃迎陳靈公太子午於晉而立之復君陳如故是爲成公孔子讀史記至楚復陳曰賢哉楚莊王輕千乘之國而重一言 索隱曰謂申叔時之語。正義曰家語云孔子讀史記至楚復陳喟然曰賢哉楚莊王輕千乘之國而重一言之信非申叔時之忠弗能建其義非楚莊王之賢不能受其訓也 二十八年楚莊王卒二十九年陳倍楚盟三十年楚共王伐陳是歲成公卒子哀公弱立楚以陳喪罷兵去哀公三年楚圍陳復釋之二十八年楚公子圍弒其君郟敖自立爲靈王三十四年初哀公娶鄭長姬生悼太子師少姬生偃 索隱曰昭八年經云陳侯之弟招殺陳世子偃

師左傳曰陳哀公元妃鄭姬生悼太子偃師今此云兩姬又分偃師爲二人亦恐此非 二嬖妾長妾生留少妾生勝留有寵哀公哀公屬之其弟司徒招哀公病三月招殺悼太子立留爲太子哀公怒欲誅招招發兵圍守哀公哀公自經殺 徐廣曰三十五年時 招卒立留爲陳君四月陳使使赴楚楚靈王聞陳亂乃殺陳使者 索隱曰即司徒招又一名過 使公子弃疾發兵伐陳陳君留奔鄭九月楚圍陳十一月滅陳使弃疾爲陳公招之殺悼太子也太子之子名吳出奔晉晉平公問太史趙曰陳遂亡乎對曰陳顓頊之族 服虔曰陳祖虞舜舜出顓頊故爲顓頊之族 陳氏得政

於齊乃卒亡【賈逵曰物莫能兩盛】自幕至于瞽瞍無違命【賈逵曰幕舜後虞思也至于瞽瞍無聞違天命以廢絕者鄭衆曰幕舜之先也駰案國語賈義爲長○索隱曰賈逵以幕爲虞思非也傳言自幕至瞽瞍知幕在瞽瞍之前非虞思明矣】舜重之以明德至於遂【杜預曰遂舜後蓋殷之興存舜之後而封遂言舜德乃至於遂也○索隱曰重音持用反杜預以謂舜有明德乃至遂有國義亦然也且文云自幕至瞽瞍無違命舜重之以明德是言舜有明德爲天子也乃云殷封遂代守之亦舜德也宋忠云虞思之後箕伯直柄中衰殷湯封遂於陳以爲舜後是也】世世守之及胡公周賜之姓【杜預曰胡公滿遂之後也事周武王賜姓曰嬀封之陳】使杞虞帝且盛德之後必百世祀虞之世未也其在齊乎楚靈王滅陳五歲楚公子弃疾弒靈王代立是爲平王平王初立欲得和諸侯乃求故陳悼太子師之子吳立爲陳侯是爲惠公惠公立探續哀公卒時年而爲元空籍五歲矣【索隱曰惠公探取哀公死楚陳滅之後爲元年故今空經年籍五歲矣一云籍借也爲借失國之後年爲五年】七年陳火十五年吳王僚使公子光伐陳取胡沈而去【索隱曰系本云胡歸姓沈姬姓沈國在汝南平輿胡亦在汝南】二十八年吳王闔閭與子胥敗楚入郢是年惠公卒子懷公柳立懷公元年吳破楚在郢召陳侯陳侯欲往大夫曰吳新得意楚王雖亡與陳有故不可倍懷公乃以疾謝吳四年吳復召懷公懷公恐如吳吳怒其前不往留之因卒吳陳乃立懷公之子越是爲湣公【索隱曰按左傳湣公名周是史官記不同】

也湣公六年孔子適陳吳王夫差伐陳取三邑而去十三年吳復來伐陳陳告急楚楚昭王來救軍於城父吳師去是年楚昭王卒於城父時孔子在陳索隱曰按孔子以魯定公十四年適陳當湣公之六年上文說是此十三年孔子仍在陳凡經八年何其久也十五年宋滅曹十六年吳王夫差伐齊敗之艾陵使人召陳侯陳侯恐如吳楚伐陳二十一年齊田常弒其君簡公二十三年楚之白公勝殺令尹子西子綦襲惠王葉公攻敗白公白公自殺二十四年楚惠王復國以兵北伐殺陳湣公遂滅陳而有之是歲孔子卒

杞東樓公者夏后禹之後苗裔也索隱曰杞國名也東樓公謚號也不名者並史先失耳宋忠曰杞今陳留雍丘縣故地理志云雍丘縣故杞國周武王封禹後爲東樓公是也蓋周封杞而居雍丘至春秋時杞已遷東國故左氏隱四年傳云莒人伐杞取牟婁牟婁者東邑也僖十四年傳云杞遷緣陵地理志北海有營陵淳于公之縣臣瓚云即春秋緣陵淳于公所都之邑又州國名杞後改國號曰州而稱淳于公故春秋桓五年經云州公如曹傳曰淳于公如曹是也然杞後代又稱子者以微小又僻居東夷故襄二十九年經稱杞子來盟傳曰書曰子賤之也殷時或封或絕周武王克殷紂求禹之後得東樓公封之於杞宋忠曰杞今陳留雍丘縣也以奉夏后氏祀東樓公生西樓公西樓公生題公題公生謀娶公徐廣曰謀一作謨索隱曰娶子臾反謀娶公當周厲王時謀娶公生武公武公立四十七年卒子靖公立靖公

二十三年卒，子共公立。共公八年卒，子德公立。徐廣曰：世本曰惠公。○索隱曰：系本、譙周並作惠公，又云惠公生成公及桓公，是此系家脫成公一代，下云弟桓公姑容立，非也。且成公又見春秋經傳，故左氏莊二十五年云杞成公娶魯女，有婚姻之好，至僖二十三年卒，始赴而書，左傳云成公也，未同盟，故不書名。是杞有成公，必當如譙周所說也。德公十八年卒，弟桓公姑容立。徐廣曰：世本曰惠公立十八年，生成公及桓公，成公立十八年，桓公立十七年。桓公十七年卒，子孝公匄立。索隱曰：匄音蓋。孝公十七年卒，弟文公益姑立。文公十四年卒，弟平公鬱立。索隱曰：一作郁釐。譙周云名鬱來，蓋鬱來、郁釐聲相近，遂不同也。平公十八年卒，子悼公成立。悼公十二年卒，子隱公乞立。七月，隱公弟遂弒隱公自立，是為釐公。釐公十九年卒，子湣公維立。湣公十五年，楚惠王滅陳。十六年，湣公弟閼路弒湣公代立，是為哀公。索隱曰：閼音遏。哀公殺兄湣公而立，謚哀，譙周云謚懿也。哀公立十年卒，湣公子敕立，徐廣曰：敕一作速。是為出公。出公十二年卒，子簡公春立。立一年，楚惠王之四十四年，滅杞。杞後陳亡三十四年。杞小微，其事不足稱述。舜之後，周武王封之陳，至楚惠王滅之，有世家言。禹之後，周武王封之杞，楚惠王滅之，有世家言。契之後為殷，殷有本紀言。殷破，周封其後於宋，齊湣王滅之，有世家言。后稷之後為周，秦昭王滅之，有本紀言。皋陶之後，或封英六索隱曰本或作蓼六皆通然蓼六皆咎繇之後據系本二國皆偃姓故春秋文五年傳云楚人滅六臧文仲聞六與蓼滅曰皐陶庭堅不祀忽諸杜預云蓼與六皆咎繇後地理志云六安故國皐陶後偃姓爲楚所滅又僖十七年齊人徐人伐英氏杜預曰英六皆皐陶後國名是有英蓼英六實未能詳或者英改號蓼楚穆王滅之無譜伯夷之後至周武王復封於齊曰太公望陳氏滅之有世家言伯翳之後至周平王時封爲秦項羽滅之有本紀言索隱曰秦祖伯翳解者以翳益則爲一人今言十一人叙伯翳而又別言垂益則是二人也且按舜本紀叙十人無翳而有彭祖彭祖亦墳典不載未知太史公意如何恐多是誤然據秦本紀叙翳之功云佐舜馴調鳥獸與舜典命益作虞若予上下草木鳥獸文同則爲一人必矣今未詳其所以垂益夔龍其後不知所封不見也右十一人者皆唐虞之際名有功德臣也其五人之後皆至帝王索隱曰舜禹身爲帝王其稷契及翳則後代皆爲帝王也餘乃爲顯諸侯滕薛騶夏殷周之間封也小不足齒列弗論也索隱曰滕不知本封蓋軒轅氏之子有滕姓是其祖也後周封文王子錯叔繡於滕故宋忠云今沛國公丘是滕國也薛奚仲之後任姓蓋夏殷所封故春秋有滕侯薛侯邾曹姓之國陸終氏之子會人之後邾國今魯國騶縣是也然三國微小春秋時亦預會盟盖史缺無可叙列也又許太叔太岳之胤二邾曹姓之君並通好諸侯同盟大國不宜全沒其事亦可叙其本末補許邾世家周武王時侯伯尚千餘人及幽厲之後諸侯力攻相并江黃胡沈之屬不可勝數索隱曰系本江黃二國並嬴姓又地理志江國在汝南安陽縣故弗采著于傳上

太史公曰舜之德可謂至矣禪位於夏而後世血食者歷三代及楚滅陳而田常得政於齊卒

爲建國百世不絶苗裔茲茲有土者不乏焉至禹於周則杞微甚不足數也楚惠王滅杞其後越王勾踐興

索隱述贊曰

盛德之祀　必及百世　舜禹餘烈
陳杞是繼　嬀滿受封　東樓纂世
閼路篡逆　夏姬淫嬖　二國衰微
或淪或替　前并後虜　皆亡楚惠
勾踐勃興　田和吞噬　蟬聯血食
豈其苗裔

史貳阡肆伯玖拾陸字
註貳阡壹伯壹拾捌字

陳杞世家第六　史記三十六

衛康叔世家第七　史記三十七

衛康叔索隱曰康畿內國名宋忠曰康叔從康徙封衛衛即殷墟定昌之地畿內之康不知所在也名封周武王同母少弟也其次尚有冉季冉季最少武王已克殷紂復以殷餘民封紂子武庚祿父比諸侯以奉其先祀勿絕爲武庚未集索隱曰集和也恐其有賊心武王乃令其弟管叔蔡叔傅相武庚祿父以和其民武王既崩成王少周公旦代成王治當國管叔蔡叔疑周公乃與武庚祿父作亂欲攻成周索隱曰成周洛陽其時周公相成王營洛邑猶居西周鎬京管蔡欲搆難先攻成周於是周公東居洛邑伐管蔡周公旦以成王命興師伐殷殺武庚祿父管叔放蔡叔以武庚殷餘民封康叔爲衛君居河淇間故商墟索隱曰宋忠云今定昌也周公旦懼康叔齒少乃申告康叔曰必求殷之賢人君子長者問其先殷所以興所以亡而務愛民告以紂所以亡者以淫於酒酒之失婦人是用故紂之亂自此始爲梓材正義曰若梓人爲材君子觀爲法則也梓匠人也示君子可法則故謂之康誥酒誥梓材以命之康叔之國既以此命能和集其民民大說成王長用事舉康叔爲周司寇賜衛寶祭器左傳曰分康叔以大路大旂少帛綪茷旃旌大呂賈逵曰大路金路也少帛雜帛也綪茷大赤也通帛爲旃析羽爲旌大呂鍾名鄭衆曰綪茷旆名也以

章有德康叔卒子康伯代立索隱曰系本康伯名髡宋忠曰即王孫牟也事周康王爲大夫按左傳所稱王孫牟父是也牟髡聲相近故不同耳譙周古史考無康伯而云子牟伯立蓋以不宜父子俱謚康故因其名云牟伯也康伯卒子考伯立考伯卒子嗣伯立嗣伯卒子疌伯立史記音隱曰音捷索隱曰系本作摯伯。疌伯卒子靖伯立靖伯卒子貞伯立索隱曰系本作箕伯貞伯卒子頃侯立頃侯厚賂周夷王夷王命衛爲侯索隱曰康誥稱命尒侯于東土又云孟侯朕其弟小子封則康叔初封已爲侯也比子康伯即稱伯者謂方伯之伯耳非至子即降爵爲伯也故孔安國曰孟長也五侯之長謂方伯方伯州牧也故五代孫祖恒爲方伯耳至頃侯德衰不監諸侯乃從本爵而稱侯非是至子而削爵及頃侯賂夷王而稱侯也頃侯立十二年卒子釐侯立釐侯十三年周厲王出犇于彘共和行政焉二十八年周宣王立四十二年釐侯卒太子共伯餘立爲君共伯弟和有寵於釐侯多予之賂和以其賂賂士以襲攻共伯於墓上共伯入釐侯羨自殺索隱曰羨音延延墓道又音以戰反共伯名餘也衛人因葬之釐侯旁謚曰共伯而立和爲衛侯是爲武公索隱曰和殺恭伯代立此說蓋非也按季札美康叔武公之德又國語稱武公年九十五矣猶箴誡於國恭恪于朝作抑自儆至於沒身謂之叡聖又詩著衛世子恭伯早卒不云被殺若武公殺兄而立豈可以爲訓而形之于國史乎蓋太史公採雜說而爲此記耳武公即位修康叔之政百姓和集四十二年犬戎殺周幽王武公將兵往佐周平戎甚有功周平王命武公爲公五十五年卒子莊公揚立莊公五年取齊女爲夫人好而無子又取陳女爲夫人生子蚤死陳女女弟亦幸於莊公而生子完索隱曰女弟戴嬀也子完爲州吁所殺戴嬀歸陳詩燕燕于飛是也完母死莊公令夫人齊女子之立爲太子索隱曰子之謂養之爲子也齊女即莊姜也詩碩人篇閔之是也莊公有寵妾生子州吁十八年州吁長好兵莊公使將石碏諫莊公賈逵曰石碏衛上卿曰庶子好兵使將亂自此起不聽二十三年莊公卒太子完立是爲桓公桓公二年弟州吁驕奢桓公絀之州吁出犇十三年鄭伯弟段攻其兄不勝亡而州吁求與之友十六年州吁收聚衛亡人以襲

殺桓公州吁自立爲衛君爲鄭伯弟段欲伐鄭請宋陳蔡與俱三國皆許州吁州吁新立好兵弑桓公衛人皆不愛石碏乃因桓公母家於陳詳爲善州吁至鄭郊石碏與陳侯共謀使右宰醜進食因殺州吁于濮服虔曰右宰醜衛大夫濮陳地。索隱曰賈逵云濮陳地按濮水有受河又受汴汴亦受河東北至離狐分爲二俱東北至鉅野入濟則濮在曹衛之間賈言陳地非也若據地理志陳留封丘縣濮水受泲當言陳留水也而迎桓公弟晉於邢而立之賈逵曰邢周公之胤姬姓國是爲宣公宣公七年魯弑其君隱公九年宋督弑其君殤公及孔父十年晉曲沃莊伯弑其君哀侯十八年初宣公愛夫人夷姜夷

姜生子伋以爲太子而令右公子傅之右公子
爲太子取齊女未入室而宣公見所欲爲太子
婦者好說而自取之更爲太子取他女宣公得
齊女生子壽子朔令左公子傅之（杜預曰左右媵之子因以爲號）
太子伋母死宣公正夫人與朔共讒惡太子伋
宣公自以其奪太子妻也心惡太子欲廢之及
聞其惡大怒乃使太子伋於齊而令盜遮界上
殺之（正義曰左傳云衛宣公使太子伋之齊使盜待諸莘將殺之杜預云莘衛地）與太子白旄
而告界盜見持白旄者殺之且行子朔之兄壽
太子異母弟也知朔之惡太子而君欲殺之乃

謂太子曰界盜見太子白旄即殺太子太子可
毋行太子曰逆父命求生不可遂行壽見太子
不止乃盜其白旄而先馳至界界盜見其驗即
殺之壽已死而太子伋又至謂盜曰所當殺乃
我也盜并殺太子伋以報宣公宣公乃以子朔
爲太子十九年宣公卒太子朔立是爲惠公左
右公子不平朔之立也惠公四年左右公子怨
惠公之讒殺前太子伋而代立乃作亂攻惠公
立太子伋之弟黔牟爲君惠公奔齊衛君黔牟
立八年齊襄公率諸侯奉王命共伐衛納衛惠

公誅左右公子衛君黔牟犇于周惠公復立惠公立三年出亡八年復入與前通年凡十三年矣二十五年惠公怨周之容舍黔牟與燕伐周周惠王犇溫衛燕立惠王弟穨爲王二十九年鄭復納惠王三十一年惠公卒子懿公赤立懿公即位好鶴正義曰括地志云故鶴城在滑州匡城縣西南十五里左傳云衛懿公好鶴鶴有乘軒者狄伐衛公欲戰國人受甲者皆曰使鶴鶴實有祿位余焉能戰俗傳懿公養鶴於此城因名也淫樂奢侈九年翟伐衛衛懿公欲發兵兵或畔大臣言曰君好鶴鶴可令擊翟翟於是遂入殺懿公懿公之立也百姓大臣皆不服自懿公父惠公朔

之讒殺太子伋代立至於懿公常欲敗之卒滅惠公之後而更立黔牟之弟昭伯頑之子申爲君是爲戴公戴公申元年卒齊桓公以衛數亂乃率諸侯伐翟爲衛築楚丘正義曰括地志云楚丘城武縣有楚丘亭立戴公弟燬爲衛君賈誼書曰衛侯朝於周周行人問其名答曰衛侯辟疆周行人還之曰啓疆辟疆天子之號諸侯弗得用衛侯更其名曰燬然後受之○正義曰燬音毁是爲文公文公以亂故犇齊齊人入之初翟殺懿公也衛人憐之思復立宣公前死太子伋之後伋子又死而代伋死者子壽又無子太子伋同母弟二人其一曰黔牟黔牟嘗代惠公爲君八年復去其二曰

昭伯昭伯黔牟皆已前死故立昭伯子申爲戴公戴公卒復立其弟燬爲文公文公初立輕賦平罪索隱曰輕賦稅平斷刑也平或作卒卒謂士卒也罪字連下讀蓋亦一家之義耳身自勞與百姓同苦以收衛民十六年晉公子重耳過無禮十七年齊桓公卒二十五年文公卒子成公鄭立成公三年晉欲假道於衛救宋成公不許晉更從南河度服虔曰南河齊南之東南流河也杜預曰從汲郡南度出衛南救宋徵師於衛衛大夫欲許成公不肯大夫元咺攻成公成公出奔索隱曰奔楚。正義曰咺況遠反晉文公重耳伐衛分其地予宋討前過無禮及不救宋患也衛

成公遂出奔陳索隱曰左傳衛侯聞楚師敗懼出奔楚遂適陳也二歲如周求入與晉文公會晉使人鴆衛成公成公私於周主鴆令薄得不死索隱曰按私謂賂之也已而周爲請晉文公卒入之衛而誅元咺衛君瑕出奔索隱曰是元咺所立者成公入而殺之故僖三十年經云衛殺其大夫元咺及公子瑕此言奔非也七年晉文公卒十二年成公朝晉襄公十四年秦穆公卒二十六年齊邴歜弑其君懿公索隱曰邴歜與左氏同而齊系家作邴戎者蓋邴歜掌御戎車故號邴戎邴音丙歜亦作歜三十五年成公卒世本曰成公徙濮陽宋忠曰濮陽帝丘地名子穆公遬立正義曰遬音速穆公二年楚莊王伐陳殺夏徵舒三年楚莊王圍鄭鄭降復釋之十一

年孫良夫救魯伐齊復得侵地穆公卒子定公臧立定公十二年卒子獻公衎立獻公十三年公令師曹教宮妾鼓琴賈逵曰師曹樂人妾不善曹笞之妾以幸惡曹於公公亦笞曹三百十八年獻公戒孫文子甯惠子食皆往日旰不召服虔曰孫文子林父也甯惠子甯殖也敕戒二子欲共晏食皆服朝衣待命旰晏也而去射鴻於囿二子從之服虔曰從公於囿公不釋射服與之言左傳曰不釋皮冠二子怒如宿服虔曰孫文子邑也。索隱曰左傳作戚此亦音戚孫文子子數侍公飲左傳曰文子子即孫蒯也使師曹歌巧言之卒章杜預曰巧言詩小雅也其卒章曰彼何人斯居河之麋無拳無勇職為亂階公欲以譬文子居河上而為亂師曹又怒公之嘗

笞三百乃歌之欲以怒孫文子報衛獻公文子語蘧伯玉伯玉曰臣不知也賈逵曰伯玉衛大夫遂攻出獻公獻公犇齊齊置衛獻公於聚邑孫文子甯惠子共立定公弟秋為衛君是為殤公徐廣曰班氏云獻公弟焱殤公秋立封孫文子林父於宿十二年甯喜與孫林父爭寵相惡殤公使甯喜攻孫林父林父犇晉復求入故衛獻公獻公在齊齊景公聞之與衛獻公如晉求入晉為伐衛誘與盟衛殤公會晉平公平公執殤公與甯喜而復入衛獻公獻公亡在外十二年而入獻公後元年誅甯喜

三年吳延陵季子使過衛見蘧伯玉史鰌曰衛多君子其國無故過宿孫林父爲擊磬曰不樂音大悲使衛亂乃此矣是年獻公卒子襄公惡立襄公六年楚靈王會諸侯襄公稱病不往九年襄公卒初襄公有賤妾幸之有身夢有人謂曰我康叔也令若子必有衛名而子曰元妾怪之問孔成子（服虔曰衛卿孔烝鉏）成子曰康叔者衛祖也及生子男也以告襄公襄公曰天所置也名之曰元襄公夫人無子於是乃立元爲嗣是爲靈公靈公五年朝晉昭公六年楚公子弃疾弒靈王

自立爲平王十一年火三十八年孔子來祿之如魯後有隙孔子去後復來三十九年太子蒯聵與靈公夫人南子有惡（賈逵曰南子宋女）欲殺南子蒯聵與其徒戲陽遬謀朝使殺夫人（賈逵曰戲陽遬太子家臣○正義曰戲音羲）戲陽後悔不果蒯聵數目之夫人覺之懼呼曰（正義曰呼火故反）太子欲殺我靈公怒太子蒯聵犇宋已而之晉趙氏四十二年春靈公游于郊令子郢僕（賈逵曰僕御也）郢靈公少子也字子南靈公怨太子出犇謂郢曰我將立若爲後郢對曰郢不足以辱社稷君更圖之（服虔曰郢自謂已無德不足立以汚辱社稷）夏靈公

卒夫人命子郢爲太子曰此靈公命也郢曰亡人太子蒯聵之子輒在也不敢當於是衛乃以輒爲君是爲出公六月乙酉趙簡子欲入蒯聵乃令陽虎詐命衛十餘人衰絰歸服虔曰衰絰爲若從衛來迎太子也簡子送蒯聵衛人聞之發兵擊蒯聵蒯聵不得入入宿而保衛人亦罷兵出公輒四年齊田乞弑其君孺子八年齊鮑子弑其君悼公孔子自陳入衛九年孔文子問兵於仲尼仲尼不對其後魯迎仲尼仲尼反魯十二年初孔圉文子取太子蒯聵之姊生悝孔氏之豎渾良夫美好

孔文子卒良夫通於悝母太子在宿悝母使良夫於太子太子與良夫言曰苟能入我國報子以乘軒免子三死毋所與杜預曰軒大夫車也三死死罪三。正義曰杜預云三罪紫衣袒裘帶劒也紫衣君服也熱故偏袒不敬也衛侯求令名者與之食焉太子請使良夫良夫紫衣狐裘不釋劒而食太子使牽退數之罪而殺之與之盟許以悝母爲妻閏月良夫與太子入舍孔氏之外圃服虔曰圃園昏二人蒙衣而乘服虔曰二人謂良夫太子蒙衣爲婦人之服以巾蒙其頭而共乘也宦者羅御如孔氏孔氏之老欒甯問之服虔曰家臣稱老問其姓名稱姻妾以告賈逵曰婚姻家妾也遂入適伯姬氏服虔曰入孔氏家適伯姬所居既食悝母杖戈而先服虔曰先至孔悝所太子與五人介輿猳從之賈逵曰介被甲也輿豭豚欲以盟伯姬劫悝於廁彊盟之遂劫以登臺服虔曰於衛臺上召衛羣臣欒寧將飲酒炙未熟聞亂使告仲由服虔曰季路為孔氏邑宰故告之召護駕乘車服虔曰召護衛大夫駕乘車不駕兵車也言無距父之意行爵食炙服虔曰欒甯使召季路乃行爵食炙奉出公輒犇魯服虔曰召護奉衛侯仲由將入遇子羔將出賈逵曰子羔衛大夫高柴孔子弟子也將出犇曰門已閉矣子路曰吾姑至矣杜預曰且欲至門子羔曰不及莫踐其難賈逵曰言家臣憂不及國不得踐履其難鄭衆曰是時輒以出不及事不當踐其難子羔言不及以為季路欲死國也子路曰食焉不辟其難服虔曰言食悝之祿欲救悝之難此明其不死國也子羔遂出子路入及門公孫敢闔門曰毋入為也服虔曰公孫敢衛大夫言輒已出無為復入子路曰是公

孫也求利而逃其難由不然利其祿必救其患有使者出子路乃得入曰太子焉用孔悝雖殺之必或繼之王肅曰必有繼續其後攻太子且曰太子無勇若燔臺必舍孔叔太子聞之懼下石乞盂黶敵子路服虔曰二子蒯聵之臣敵當也○正義曰燔音煩舍音捨黶音乙減反以戈擊之割纓子路曰君子死冠不免服虔曰不使冠在地結纓而死正義曰纓冠緌也孔子聞衛亂曰嗟乎柴也其來乎由也其死矣孔悝竟立太子蒯聵是為莊公莊公蒯聵者出公父也居外怨大夫莫迎立元年即位欲盡誅大臣曰寡人居外久矣子亦嘗聞之乎羣臣欲作

亂乃止二年魯孔丘卒三年莊公上城見戎州賈逵曰戎州戎人之邑○索隱曰左傳云戎州人攻之是也隱二年公會戎于潛杜預云陳留濟陽縣東南有戎城濟陽與衛近故莊公登臺而望見戎州又七年云戎伐凡伯于楚丘是戎與衛相近也曰戎虜何為是戎州病之十月戎州告趙簡子簡子圍衛十一月莊公出奔索隱曰左傳莊公本由晉趙氏納之立而背晉晉伐衛衛人出莊公立公子般師晉師退莊公復入般師出奔初公登城見戎州己氏之妻髮美髡之以為夫人髢也又欲翦戎州兼逐石圃故石圃攻莊公莊公懼踰北牆折股入己氏己氏殺之今系家不言莊公復入及死己氏直云出奔亦其疎也又左傳云衛復立般師齊伐衛立公子起執般師明年衛石圃逐其君起起奔齊出公輒復歸是左氏詳而系家略也衛人立公子斑師為衛君左傳曰斑師襄公之孫齊伐衛虜斑師更立公子起為衛君服虔曰起靈公子衛君起元年衛石曼尃逐

其君起索隱曰左傳作石圃此尃音圃穀梁作曼姑尃或音姑諸本多無曼字起奔齊衛出公輒自齊復歸立初出公立十二年亡亡在外四年復入出公後元年賞從亡者立二十一年卒索隱曰按出公初立十二年亡在外四年復入九年卒是立二十一年自即位至卒凡經二十五年而卒于越出公季父黔攻出公子而自立是為悼公悼公五年卒索隱曰紀年云四年卒于越系本名虔子敬公弗立世本云敬公費也敬公十九年卒子昭公糾立索隱曰系本云敬公生昭公舟非也是時三晉彊衛如小侯屬之正義曰屬趙也昭公六年公子亹正義曰亹音尾弒之代立是為懷公懷公十一年公子穨弒懷公而代立是為慎公慎公父公子適索隱

曰音的系本適作虔虔悼公也適。父敬公也慎公四十二年卒子聲公訓立索隱曰訓亦作馴同休運反系本作聖公馳聲公十一年卒子成侯遬立索隱曰音速系本作不逝按上穆公已名遬不可成侯更名則系本是也成侯十一年公孫鞅入秦索隱曰秦本紀云孝公元年鞅入秦又按年表成侯與秦孝公同年然則十一年當爲元年字誤耳十六年衞更貶號曰侯二十九年成侯卒子平侯立平侯八年卒子嗣君立索隱曰樂資據紀年以嗣君即孝襄侯嗣君五年更貶號曰君獨有濮陽四十二年卒子懷君立懷君三十一年朝魏魏囚殺懷君魏更立嗣君弟是爲元君元君爲魏壻故魏立之徐廣曰班氏云元君者懷君之弟元君十四年秦拔魏東地

秦初置東郡更徙衞野王縣而并濮陽爲東郡索隱曰魏都大梁濮陽黎陽並是魏之東地故立郡名東郡也二十五年元君卒子君角立年表云元君十一年秦置東郡十二年徙野王二十三年卒○索隱曰年表與此不同徐註備矣君角九年秦并天下立爲始皇帝二十一年二世廢君角爲庶人衞絕祀

太史公曰余讀世家言至於宣公之太子以婦見誅弟壽爭死以相讓此與晉太子申生不敢明驪姬之過同俱惡傷父之志然卒死亡何其悲也或父子相殺兄弟相滅亦獨何哉

索隱述贊曰

司寇受封　梓材有作　成錫厥器
夷加其爵　暨武能修　從文始約
詩美歸燕　傳矜石碏　皮冠射鴻
乘軒使鶴　宣縱淫嬖　亹生伋朔
蒯聵得罪　出入行惡　衛祚日衰
失於君角

史計叁阡肆伯玖拾字
註貳阡壹伯玖拾陸字

衛康叔世家第七　史記三十七

宋微子世家第八　史記三十八

微子開者[孔安國曰微畿內國名子爵也爲紂卿士。索隱曰按尚書微子之命篇云命微子啓代殷後今此名開者避漢景帝諱也]殷帝乙之首子而紂之庶兄也[索隱曰按尚書亦以爲殷王元子而是紂之兄呂氏春秋云生微子時母猶爲妾及爲妃而生紂故微子爲紂同母庶兄]紂既立不明淫亂於政微子數諫紂不聽及祖伊以周西伯昌之修德滅阢[徐廣曰阢音耆。索隱曰耆即黎也鄒誕云本黎邑音黎孔安國云黎在上黨東北即今之黎亭]阢國懼禍至以告紂紂曰我生不有命在天乎是何能爲於是微子度紂終不可諫欲死之及去未能自決乃問於太師少師[孔安國曰太師三公箕子也少師孤卿比干也]曰殷不有治政不治四方[孔安國曰言殷不有治政四方之事將必亡也]我祖遂陳於上[馬融曰我祖湯也孔安國曰言湯遂其功陳力於上世也]紂沈湎於酒婦人是用亂敗湯德於下[馬融曰下下世也]殷既小大好草竊奸宄[孔安國曰草野盜竊又爲奸宄於外內]卿士師師非度[馬融曰非但小人學爲奸宄卿士已下轉相師效爲非法度]皆有罪辜乃無維獲[鄭玄曰獲得也羣臣皆有是罪其爵祿又無常得之者言屢相攻奪]小民乃並興相爲敵讎[孔安國曰卿士既亂而小民各起共爲敵讎言不和同]今殷其典喪若涉水無津涯[徐廣曰一作陟水無舟航言危也駰謂典國典也。索隱曰尚書典作淪篆字變易其義亦殊喪音息浪反]殷遂喪越至于今[馬融曰越於也於是至矣於今到矣]曰太師少師[馬融曰重呼告之]我其發出往[鄭玄曰發起也紂禍敗如此我其起作出往也。索隱曰往尚書作狂蓋亦今文尚書意異耳]吾家保于喪[徐廣曰一云於是家保駰案馬融曰卿大夫稱家 今女無故告 王肅曰無意告我也是微子求教誨也 子顛躋如之何其 馬融曰躋猶墜也恐顛墜於非義當如之何也鄭玄曰其語助也齊魯之間聲如姬記曰何居 太師若曰王子天篤下菑亡殷國 孔安國曰微子帝乙子故曰王子天生紂爲亂是下菑也鄭玄曰少師不荅志在必死。正義曰菑音災 乃毋畏畏不用老長 孔安國曰上不畏天菑下不畏賢人違戾耇老之長不用其教 今殷民乃陋淫神祇之祀 徐廣曰一云今殷民侵神犧又一云陋淫侵神祇騶案馬融曰天曰神地曰祇。索隱曰尚書作攘竊劉氏云陋淫猶輕褻也 今誠得治國國治身死不恨爲死終不得治不如去遂亡箕子者 馬融曰箕國名也子爵也 紂親戚也 索隱曰司馬彪曰箕子名胥餘馬融王肅以箕子爲紂之諸父服虔杜預以爲紂之庶兄杜預云梁國蒙縣有箕子冢 紂始爲象箸 索隱曰箸音持略反按下文云爲象箸必爲玉杯杯箸事相近周禮六樽有犧象箸壺泰山箸尊者箸地無足是也劉氏音直慮反則杯箸亦食用之物並通爲器 箕子歎曰彼爲象箸必爲玉桮爲桮則必思遠方珍怪之物而御之矣輿馬宮室之漸自此始不可振也紂爲淫泆箕子諫不聽人或曰可以去矣箕子曰爲人臣諫不聽而去是彰君之惡而自說於民吾不忍爲也乃被髮佯狂而爲奴遂隱而鼓琴以自悲故傳之曰箕子操 風俗通義曰其道閉塞憂愁而作者命其曲曰操操者言遇菑遭害困厄窮迫雖怨恨失意猶守禮義不懼不懾樂道而不改其操也 王子比干者亦紂之親戚也見箕子諫不聽而爲奴則曰君有過而不以死爭則百姓何辜乃直言諫紂紂怒曰吾

聞聖人之心有七竅信有諸乎乃遂殺王子比
干刳視其心微子曰父子有骨肉而臣主以義
屬故父有過子三諫不聽則隨而號之人臣三
諫不聽則其義可以去矣於是太師少師乃勸
微子去遂行時比干已死而云少師者似誤周武王伐紂克殷微子
乃持其祭器造於軍門肉袒面縛索隱曰肉袒者袒而露肉也面縛者縛手於背而面向前也劉氏云面即背也義稍迂
左牽羊右把茅膝行而
前以告於是武王乃釋微子復其位如故武王
封紂子武庚祿父以續殷祀使管叔蔡叔傅相
之武王既克殷訪問箕子武王曰於乎維天陰
定下民相和其居孔安國曰天不言而默定下民助合其居使有常生之資也我不
知其常倫所序孔安國曰言我不知天所以定民之常道理次序問何由箕子對
曰在昔鯀陻鴻水汩陳其五行孔安國曰陻塞汩亂也治水失道是亂陳五行帝乃震怒不從鴻範九等常倫所斁徐廣曰一作釋駰案鄭玄曰帝天也天以鯀如是乃震動其威怒不與天道大法九類言王所問所由敗也鯀則殛死
禹乃嗣興鄭玄曰春秋傳曰舜之誅也殛鯀其舉也興禹天乃錫禹鴻範九
等常倫所序孔安國曰天與禹洛出書也神龜負文而出列於背有數至于九禹遂因而第之以成九類
初一曰五行二曰五事三曰八政四曰五紀
五曰皇極六曰三德七曰稽疑八曰庶徵九曰
嚮用五福畏用六極馬融曰言天所以畏懼人用六極五行一曰水

二曰火三曰木四曰金五曰土（鄭玄曰此數本諸陰陽所生之次也）水曰潤下火曰炎上（孔安國曰言其自然之常性也）木曰曲直（孔安國曰木可揉使曲直也）金曰從革（馬融曰金之性從人而更可銷鑠）土曰稼穡（王肅曰種之曰稼斂之曰穡）潤下作鹹（孔安國曰水鹵所生）炎上作苦（孔安國曰焦氣之味）曲直作酸（孔安國曰木實之性）從革作辛（孔安國曰金氣之味）稼穡作甘（孔安國曰甘味生於百穀五行以下箕子所陳）五事一曰貌二曰言三曰視四曰聽五曰思貌曰恭言曰從（馬融曰發言當使可從）視曰明聽曰聰思曰睿（馬融曰睿通也）恭作肅從作治（馬融曰出令而從所以爲治也）明作智聰作謀（孔安國曰所謀必成審也馬融曰上聰則下進其謀）睿作聖（孔安國曰於事無不通謂之聖）八政一曰食二曰貨三曰祀四曰司空（馬融曰司空掌營城郭主空土以居民）

五曰司徒（孔安國曰主徒衆教以禮義）六曰司寇（馬融曰主誅寇害）七曰賓（鄭玄曰掌諸侯朝覲之官）八曰師（鄭玄曰掌軍旅之官）五紀一曰歲二曰月三曰日四曰星辰（馬融曰星二十八宿辰日月之所會也鄭玄曰星五星也）五曰歷數（孔安國曰歷數節氣之度以爲歷數敬授民時）皇極皇建其有極（孔安國曰大中之道大立其有中謂行九疇之義）斂時五福用傅錫其庶民（馬融曰當斂是五福之道用布與衆民）維時其庶民于女極（馬融曰以其能斂是五福故衆民於汝取中正以歸心也）錫女保極（鄭玄曰又賜女以守中之道）凡厥庶民毋有淫朋人毋有比德維皇作極（孔安國曰民有善則無淫過朋黨之惡比周之德惟天下皆大爲中正也）凡厥庶民有猷有爲有守女則念之（馬融曰凡其衆民有謀有爲有所執守當思念其行有所趣舍也）不協于極不離

于咎皇則受之 孔安國曰凡民之行雖不合於中而不罹於咎惡皆可進用大法受之 而安而色曰予所好德女則錫之福 孔安國曰女當安女顏色以謙下人曰我所好者德也女則與之爵祿 時人斯其維皇之極 孔安國曰不合于中之人女與之福則是人此其惟大之中言可勉進也 毋侮鰥寡而畏高明 馬融曰高明顯寵者不枉法畏之 人之有能有爲使羞其行而國其昌 王肅曰使進其行任之以政則國爲之昌 凡厥正人既富方穀 孔安國曰正直之人既當爵祿富之又當以善道接之 女不能使有好于而家時人斯其辜 孔安國曰不能使正人有好於國家則是人斯其詐取罪而去也 于其毋好女雖錫之福其作女用咎 鄭玄曰無好於女家之人雖錫之以爵祿其動作爲女用惡謂爲天子結怨於民 毋偏毋頗遵王之義 孔安國曰偏不平頗不正言當修先王正義以治民 毋有作好

遵王之道 馬融曰好私好也 毋有作惡遵王之路 毋偏毋黨王道蕩蕩 孔安國曰言開辟也鄭玄曰黨朋黨 毋黨毋偏王道平平 孔安國曰言下治也 毋反毋側王道正直 馬融曰反反道也側傾側也 會其有極 鄭玄曰謂君也當會聚有中之人以爲臣也 歸其有極 鄭玄曰謂臣也當就有中之君而事之 曰王極之傅言 馬融曰王者當盡極行之使臣下布陳其言 是夷是訓于帝其順 馬融曰是大中而常行之用是教訓天下於天爲順也 凡厥庶民極之傅言 馬融曰亦盡極敷陳其言於上也 是順是行 王肅曰民納言於上而得中者則順而行之 以近天子之光 王肅曰近猶益也順行民言所以益天子之光 曰天子作民父母以爲天下王 王肅曰政教務中民善是用所以爲民父母而爲天下所歸往 三德 一曰正直 鄭玄曰中平之人 二曰剛克三曰柔克 鄭玄曰克能也剛而能柔

柔而能剛寬猛相濟以成治立功平康正直孔安國曰世平康用正直治之彊不友剛克孔安國曰友順也世彊禦不順以剛能治之內友柔克孔安國曰世和順以柔能治之也。索隱曰內當爲爕爕和也沈漸剛克馬融曰沈陰也潛伏也陰伏之謀謂賊臣亂子非一朝一夕之漸君親無將將而誅。索隱曰尚書作沈潛此字作漸其義當依馬註高明柔克馬融曰高明君子亦以德懷也維辟作福維辟作威維辟玉食馬融曰辟君也玉食美食不言王者關諸侯也鄭玄曰作福專爵賞也作威專刑罰也玉食備珍美也臣無有作福作威玉食臣有作福作威玉食其害于而家凶于而國人用側頗辟民用僭忒孔安國曰在位不端平則下民僭差稽疑擇建立卜筮人孔安國曰龜曰卜蓍曰筮考正疑事當選擇知卜筮人而建立之乃命卜筮曰雨曰濟曰涕尚書作圛。索隱曰涕音亦尚書作驛孔安國云氣駱驛不連續今此文作涕是涕泣亦相連之狀也曰霧徐廣曰一曰湊曰被。索隱曰霧音蒙然蒙與霧亦通徐氏所見本涕作湊蒙作被義通而字變耳曰克曰貞曰悔凡七卜五占之用二衍貣鄭玄曰卜五占之用謂雨濟圛霧克也二衍貣謂貞悔也將立卜筮人乃先命名兆卦而分別之兆卦之名凡七龜用五易用二審此道者乃立之也雨者兆之體氣如雨然也濟者如雨止之雲氣在上者也圛者色澤而光明也霧者氣不釋鬱冥冥也克者如祲氣之色相犯也內卦曰貞貞正也外卦曰悔悔之言晦也晦猶終也卦象多變故言衍貣立時人爲卜筮鄭玄曰立是能分別兆卦之名者以爲卜筮人三人占則從二人之言鄭玄曰從其多者蓍龜之道幽微難明愼之深女則有大疑謀及女心謀及卿士謀及庶人謀及卜筮孔安國曰先盡謀慮然後卜筮以決之女則從龜從筮從卿士從庶民從是之謂大同孔安國曰大同於吉而身其康彊而子孫其逢吉孔安國曰動不違衆故後世遇

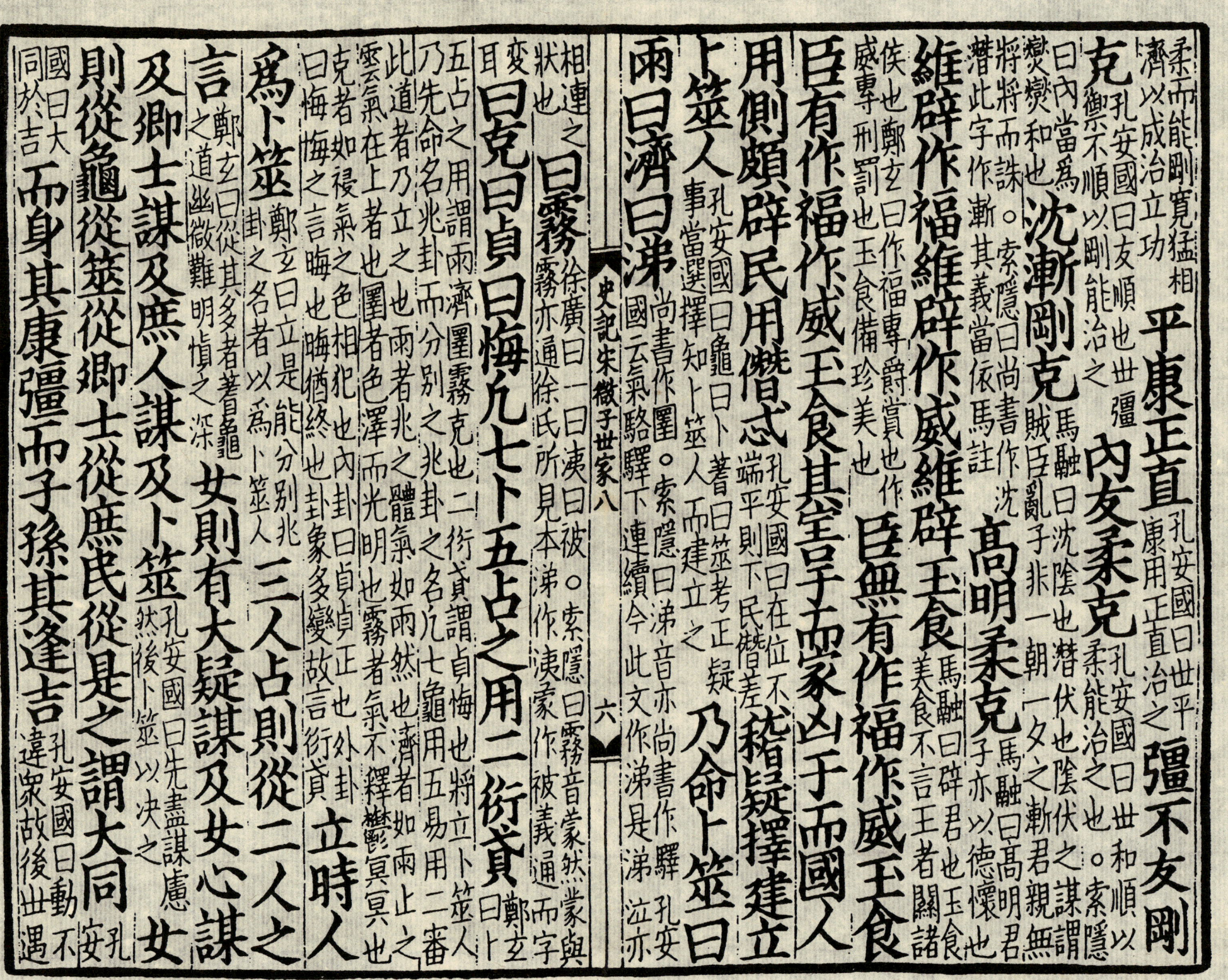

吉也女則從龜從筮從卿士逆庶民逆吉卿士從龜從筮從女則逆庶民逆吉庶民從龜從筮從女則逆卿士逆吉鄭玄曰此三者皆從多故爲吉女則從龜從筮逆卿士逆庶民逆作內吉作外凶鄭玄曰此逆者多以故舉事於境內則吉境外則凶龜筮共違于人用靜吉用作凶孔安國曰安以守常則吉動則凶鄭玄曰龜筮皆與人謀相違人雖三從猶不可以舉事庶徵曰雨曰陽曰奧曰寒曰風曰時孔安國曰雨以潤物陽以乾物煖以長物寒以成物風以動物五者各以時所以爲衆驗五者來備各以其序庶草繁廡孔安國曰言五者備至各以次序則衆草木繁廡滋豐也一極備凶一極亡凶孔安國曰一者備極過甚則凶一者極無不至亦凶謂其不時失叙之謂也曰休徵孔安國曰叙美行之驗曰肅時雨若孔安國曰君行敬則時雨順之曰治時暘若孔安國曰君政治則時暘順之曰知時奧若孔安國曰君昭哲則時煖順之曰謀時寒若孔安國曰君能謀則時寒順之曰聖時風若孔安國曰君能通理則時風順之曰咎徵孔安國曰叙惡行之驗也曰狂常雨若孔安國曰君行狂妄則常雨順之曰僭常暘若孔安國曰君行僭差則常暘順之曰舒常奧若孔安國曰君行逸豫則常煖順之。索隱曰舒依字讀按下有曰急曰急常寒若孔安國曰君行急則常寒順之曰霧常風若孔安國曰君行霧闇則常風順之王眚維歲馬融曰言王者所眚職如歲兼四時也卿士維月孔安國曰卿士各有所掌如月之有別師尹維日孔安國曰衆正官之吏分治其職如日之有歲月也歲月日時毋易孔安國曰各順常百穀用成治用明孔安國曰歲月無易則百穀成君臣無易則正治明畯民用章家用平康孔安國曰賢臣顯用國家平寧日月歲時既易百

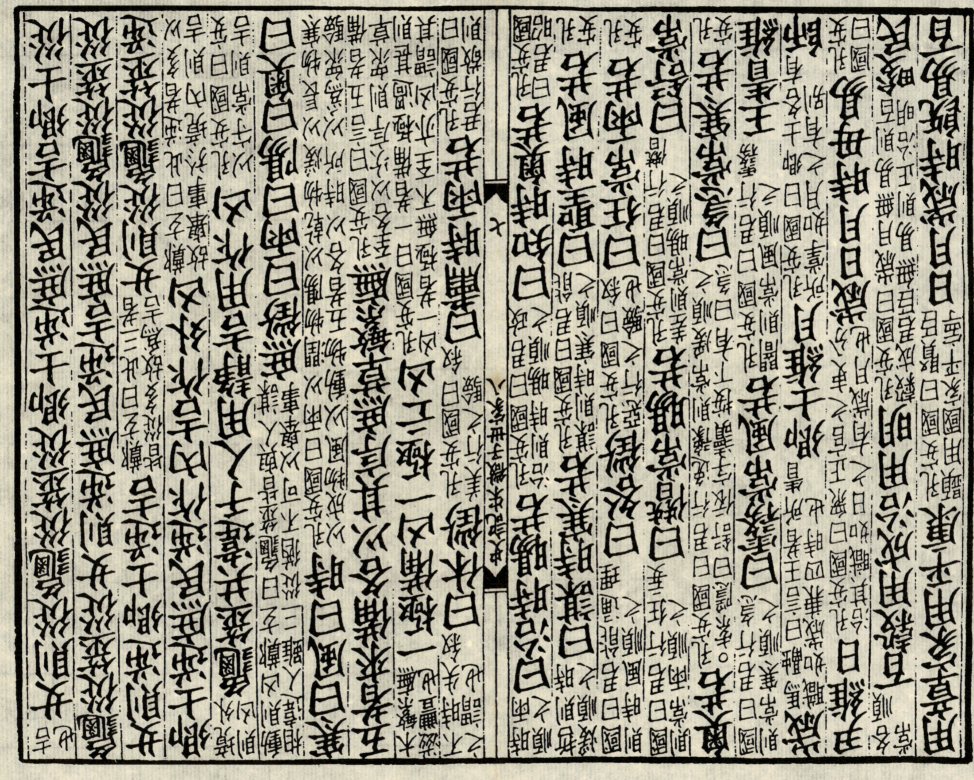

穀用不成治用昏不明畯民用微家用不寧庶民維星（孔安國曰星民象故衆民惟若星也）星有好風星有好雨（馬融曰箕星好風畢星好雨）日月之行有冬有夏（孔安國曰日月之行冬夏各有常度）月之從星則以風雨（孔安國曰月經于箕則多風離于畢則多雨政教失常以從民欲亦所以亂）五福一曰壽二曰富三曰康寧（鄭玄曰康寧平安）四曰攸好德（孔安國曰所好者德福之道）五曰考終命（孔安國曰各成其短長之命以自終不横夭）六極一曰凶短折（鄭玄曰未齔曰凶未冠曰短未婚曰折○索隱曰未齔未毀齒也音楚忼反）二曰疾三曰憂四曰貧五曰惡（孔安國曰惡醜陋也）六曰弱（鄭玄曰愚懦不壯毅曰弱）於是武王乃封箕子於朝鮮（索隱曰朝鮮音潮仙地因水爲名）而不臣也其後箕子朝周過故殷虛感宮室毀

壞生禾黍箕子傷之欲哭則不可欲泣爲其近婦人（索隱曰婦人之性多涕泣也）乃作麥秀之詩以歌詠之其詩曰麥秀漸漸兮禾黍油油（索隱曰漸漸麥芒之狀音子廉反又依字讀油油者禾黍之苗光悅貌）彼狡僮兮不與我好兮所謂狡童者紂也殷民聞之皆爲流涕（杜預曰梁國蒙縣有箕子冢）武王崩成王少周公旦代行政當國管蔡疑之乃與武庚作亂欲襲成王周公（徐廣曰一云欲襲成周）周公既承成王命誅武庚殺管叔放蔡叔乃命微子開代殷後奉其先祀作微子之命以申之國于宋（世本曰宋更曰睢陽）微子故能仁賢乃代武庚故殷之餘民甚戴愛

之微子開卒，立其弟衍，是爲微仲。禮記曰微子舍其孫腯而立衍也。鄭玄曰微子適子死，立其弟衍，殷禮也。○索隱曰家語微子弟仲思，名衍，一名泄，嗣微子爲宋公。雖遷爵易位而班級不過其故，故以舊官爲稱，故二微雖爲宋公，猶微至子稽乃稱宋公也。微仲卒，子宋公稽立。索隱曰譙周云未謚，故名之。宋公稽卒，子丁公申立。丁公申卒，子湣公共立。湣公共卒，弟煬公熙立。煬公即位，湣公子鮒祀弒煬公而自立，徐廣曰鮒一作鲂。○索隱曰譙周亦作鲂祀。據左氏，即湣公庶子也，弒煬公欲立太子弗父何，何讓不受。曰「我當立」，是爲厲公。厲公卒，子釐公舉立。

釐公十七年，周厲王出奔彘。

二十八年，釐公卒，子惠公覸立。呂忱曰覸音古莧反。惠公四年，周宣王即位。三十年，惠公卒，子哀公立。哀公元年卒，子戴公立。

戴公二十九年，周幽王爲犬戎所殺，秦始列爲諸侯。

三十四年，戴公卒，子武公司空立。武公生女爲魯惠公夫人，生魯桓公。十八年，武公卒，子宣公力立。

宣公有太子與夷。十九年，宣公病，讓其弟和，曰：「父死子繼，兄死弟及，天下通義也。我其立和。」和亦三讓而受之。宣公卒，弟和立，是爲穆公。

穆公九年，病，召大司馬孔父謂曰：「先君宣公舍太子與夷而立我，我不敢忘。我死，必立與夷也。」孔父曰：「羣臣皆願立公子馮。」穆公曰：「毋立馮，吾不可以負宣公。」於是穆公使馮出居于鄭八月庚辰穆公卒兄宣公子與夷立是爲殤公君子聞之曰宋宣公可謂知人矣立其弟以成義然卒其子復享之殤公元年衛公子州吁弒其君完自立欲得諸侯使告於宋曰馮在鄭必爲亂可與我伐之宋許之與伐鄭至東門而還二年鄭伐宋以報東門之役其後諸侯數來侵伐九年大司馬孔父嘉妻好出道遇太宰華督服虔曰戴公之孫督說目而觀之服虔曰目者極視精不轉也督利孔父妻乃使人宣言國中曰殤公即位十年耳而十一戰賈逵曰一戰伐鄭圍其東門二戰取其禾三戰取邾田四戰邾鄭伐宋入其郛五戰伐鄭圍長葛六戰鄭以王命伐宋七戰魯敗宋師于菅八戰宋衛入鄭九戰伐戴十戰鄭入宋十一戰鄭伯以虢師大敗宋民苦不堪皆孔父爲之我且殺孔父以寧民是歲魯弒其君隱公十年華督攻殺孔父取其妻殤公怒遂弒殤公而迎穆公子馮於鄭而立之是爲莊公莊公元年華督爲相九年執鄭之祭仲要以立突爲鄭君祭仲許竟立突十九年莊公卒子湣公捷立湣公七年齊桓公即位九年宋水魯使臧文仲往弔水賈逵曰問凶曰弔湣公自罪曰寡人以不能事鬼神政不脩故水臧文仲善此言此言乃公子子魚教湣公也十

年夏宋伐魯戰於乘丘徐廣曰乘一作媵駰案杜預曰乘丘魯地魯生虜宋南宮萬賈逵曰南宮氏萬名宋卿宋人請萬萬歸宋十一年秋湣公與南宮萬獵因博爭行湣公怒辱之曰始吾敬若今若魯虜也萬有力病此言遂以局殺湣公于蒙澤賈逵曰蒙澤宋澤名也杜預曰宋地梁國有蒙縣大夫仇牧聞之以兵造公門萬搏牧牧齒著門闔死何休曰闔門扇因殺太宰華督乃更立公子游爲君諸公子犇蕭公子御說犇亳服虔曰蕭亳宋邑也杜預曰蕭今沛國有蕭縣蒙縣西北有亳城也萬弟南宮牛將兵圍亳冬蕭及宋之諸公子共擊殺南宮牛弒宋新君游而立湣公弟御

說是爲桓公宋萬犇陳宋人請以賂陳陳人使婦人飲之醇酒服虔曰宋萬多力勇不可執故先使婦人誘而飲之酒醉而縛之以革裹之歸宋左傳曰以犀革裹之宋人醢萬也服虔曰醢肉醬桓公二年諸侯伐宋至郊而去三年齊桓公始霸二十三年迎衛公子燬於齊立之是爲衛文公文公女弟爲桓公夫人秦穆公即位三十年桓公病太子茲甫讓其庶兄目夷爲嗣桓公義太子意竟不聽三十一年春桓公卒太子茲甫立是爲襄公以其庶兄目夷爲相未葬而齊桓公會諸侯于葵丘襄公往會襄公七年宋地霣星如雨與

雨偕下左傳曰隕石于宋五隕星也六鶂退蜚公羊傳曰視之則六察之則鶂徐察之則退飛索隱曰按僖十六年左傳霣石于宋五霣星也六鶂退飛過宋都是當宋襄公之時訪內史叔興曰吉凶焉在對曰君將得諸侯而不終也然莊七年傳又云恆星不見夜中星霣如雨與雨偕也且與雨偕下自在別年不與霣石退鶂之事同此史以霣石為霣星遂連恆星不見之時與雨偕為文故與左傳小異也風疾也賈逵曰風起於遠至宋都高而疾故鶂逢風却退八年齊桓公卒宋欲為盟會十二年春宋襄公為鹿上之盟杜預曰鹿上宋地汝陰有原鹿縣。索隱曰按汝陰有原鹿其地在楚僖二十一年宋人楚人齊人盟于鹿上是也然襄公求諸侯於楚楚纔許之計未合至汝陰鹿上今濟陰乘氏縣北有鹿城蓋此地也以求諸侯於楚楚人許之公子目夷諫曰小國爭盟禍也不聽秋諸侯會宋公盟于盂杜預曰盂宋地目夷曰禍其在此乎君欲已甚何以

堪之於是楚執宋襄公以伐宋冬會于亳以釋宋公子魚曰禍猶未也十三年夏宋伐鄭子魚曰禍在此矣秋楚伐宋以救鄭襄公將戰子魚諫曰天之棄商久矣不可冬十一月襄公與楚成王戰于泓穀梁傳曰戰于泓水之上楚人未濟目夷曰彼衆我寡及其未濟擊之公不聽已濟未陳又曰可擊公曰待其已陳陳成宋人擊之宋師大敗襄公傷股國人皆怨公公曰君子不困人於阨不鼓不成列何休曰軍法以鼓戰以金止不鼓不戰也不成列未成陳子魚曰兵以勝為功何常言與徐廣曰一云尚何言與必如公言即奴事之

耳又何戰爲楚成王已救鄭鄭享之去而取鄭二姬以歸索隱曰謂鄭大夫芊氏姜氏之女既是鄭女故云二姬叔瞻曰成王無禮正義曰謂取鄭二姬也其不沒乎爲禮卒於無別有以知其不遂霸也是年晉公子重耳過宋襄公以傷於楚欲得晉援厚禮重耳以馬二十乘服虔曰八十四十四年夏襄公病傷於泓而竟卒索隱曰春秋戰于泓在僖二十二年重耳過宋及襄公卒在二十四年今此文以重耳過與傷泓共歲故云是年又重耳過與宋襄公卒共是一歲則不合更云十四年是進退俱不合於左氏盖太史公之踈耳子成公王臣立成公元年晉文公即位三年倍楚盟親晉以有德於文公也四年楚成王伐宋宋告急於晉五年晉文公救宋楚兵去九年晉文公卒十一年楚太子商臣弑其父成王代立十六年秦穆公卒十七年成公卒正義曰年表云公孫固殺成公成公弟禦殺太子及大司馬公孫固正義曰世本云宋莊公孫名固爲大司馬而自立爲君宋人共殺君禦而立成公少子杵臼正義曰年表云宋昭元年杵臼襄公之子徐廣曰一云成公少子是爲昭公昭公四年宋敗長翟緣斯於長丘魯世家云宋武公之世獲緣斯於長丘今云此時未詳。索隱曰春秋文公十一年魯敗翟于鹹獲長狄緣斯於長丘齊系家惠公二年長翟來王子城父攻殺之此並取左傳之說散於諸國系家今考其年歲亦頗相協而魯系家云武公此云昭公盖此昭當爲武然前代雖已有武公此杵臼當亦謚武也若將不然豈下五代公子特爲君又豈謚昭乎七年楚莊王即位九年昭公無道國人不附昭公弟鮑革徐廣曰一無革字賢而下士先襄公夫人欲通於公子鮑不可服虔曰襄公夫人周襄王之姊王姬也不可鮑不肯也乃助之施於國正義曰施貳是反襄夫人助公子鮑布施恩惠於國人也因大夫華元爲右師正義曰公子華元鮑因請得爲右師華元戴公五代孫華督之曾孫也昭公出獵夫人王姬使衛伯攻殺昭公杵臼弟鮑革立是爲文公文公元年晉率諸侯伐宋責以弒君聞文公定立乃去二年昭公子因文公母弟須與武繆戴莊桓之族爲亂文公盡誅之出武繆之族賈逵曰出逐也四年春鄭命楚伐宋宋使華元將鄭敗宋囚華元華元之將戰殺羊以食士其御羊羮不及左傳曰御羊斟也故怨馳入鄭軍故宋師敗得囚華元宋以兵車百乘文馬四百疋賈逵曰文貍文也王肅曰文馬畫馬也。正義曰按文馬者裝飾其馬四伯四用牽車伯乘遺鄭贖華元也又云文馬赤鬣縞身目如黃金贖華元未盡入華元亡歸宋十四年楚莊王圍鄭鄭伯降楚楚復釋之十六年楚使過宋宋有前仇執楚使九月楚莊王圍宋十七年楚以圍宋五月不解宋城中急無食華元乃夜私見楚將子反子反告莊王王問城中何如曰析骨而炊何休曰析破人骨也易子而食莊王曰誠哉言我軍亦有二日糧以信故遂罷兵去二十二年文公卒子共公瑕立始厚葬

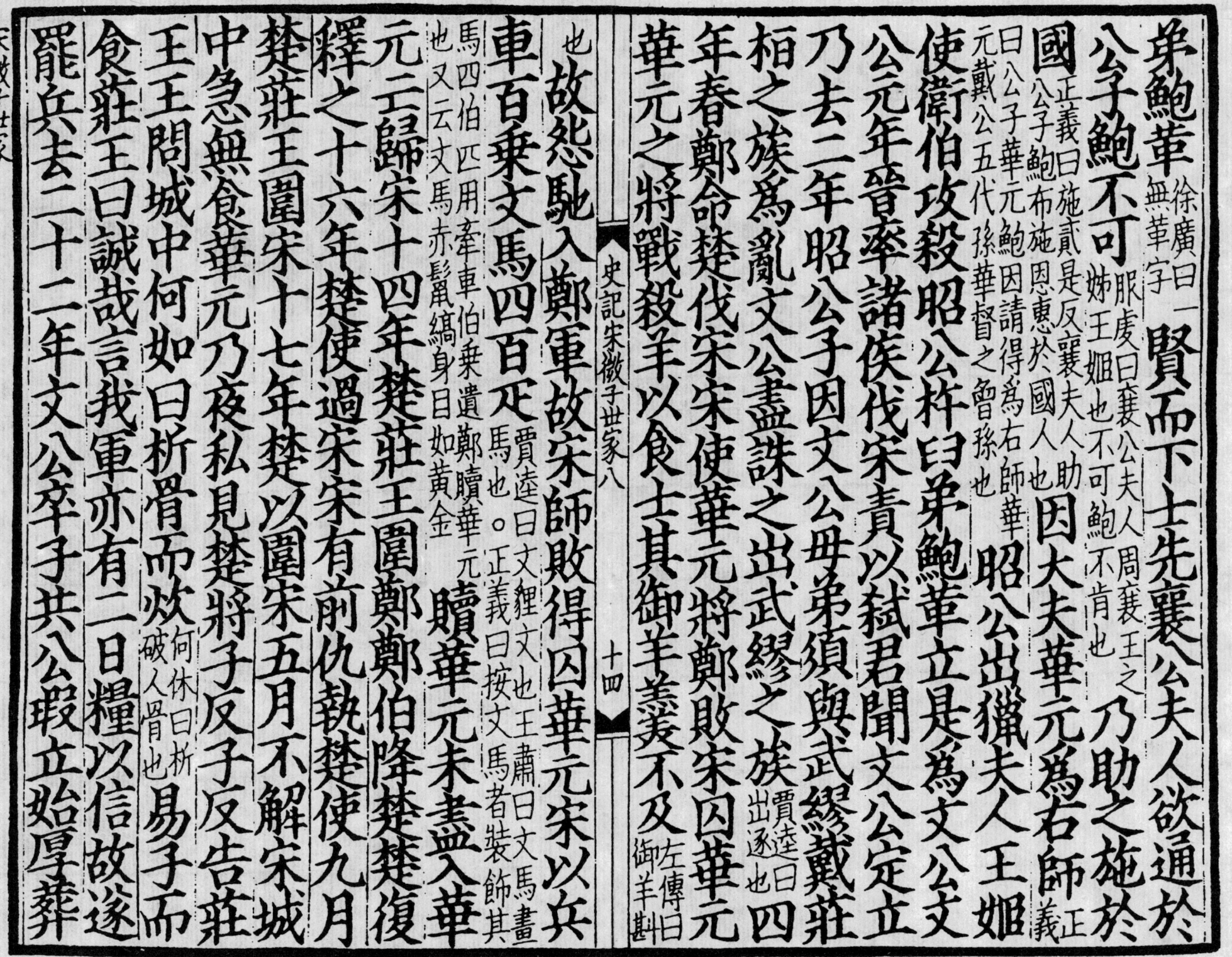

君子譏華元不臣矣共公九年華元善楚將子
重又善晉將欒書兩盟晉楚十三年共公卒華
元爲右師魚石爲左師司馬唐山攻殺太子肥
欲殺華元華元犇晉魚石止之至河乃還（皇覽曰華元冢在陳留小黃縣城北）
誅唐山乃立共公少子成是爲平公（左傳曰魚石犇楚）
平公三年楚共王拔宋之彭城以封宋左
師魚石四年諸侯共誅魚石而歸彭城於宋三
十五年楚公子圍弒其君自立爲靈王四十四
年平公卒子元公佐立元公三年楚公子棄疾
弒靈王自立爲平王八年宋火十年元公毋信

詐殺諸公子大夫華向氏作亂楚平王太子建
來犇見諸華氏相攻亂建去如鄭十五年元公
爲魯昭公避季氏居外爲之求入魯行道卒子
景公頭曼立（索隱曰按曼立音萬）景公十六年魯陽虎來犇
已復去二十五年孔子過宋宋司馬桓魋惡之
欲殺孔子孔子微服去三十年曹倍宋又倍晉
宋伐曹晉不救遂滅曹有之（正義曰宋景公滅曹在魯哀公八年周敬王三十三年也）
三十六年齊田常弒簡公三十七年楚惠王
滅陳熒惑守心心宋之分野也景公憂之司星
子韋曰可移於相景公曰相吾之股肱曰可移

於民景公曰君者待民曰可移於歲景公曰歲饑民困吾誰爲君子韋曰天高聽卑君有君人之言三熒惑宜有動於是候之果徙三度六十四年景公卒宋公子特攻殺太子而自立是爲昭公索隱曰特一作得按左傳景公無子取元公庶曾孫公孫周之子得及啓畜于公宮及景公卒先立啓後立得是爲昭公與此全乖未知太史公據何爲此說昭公者元公之曾庶孫也昭公父公孫糾糾父公子褍秦徐廣曰褍音端褍秦即元公少子也景公殺昭公父糾索隱曰左傳云名周故昭公怨殺太子而自立昭公四十七年卒子悼公購由立年表云四十九年。索隱曰購音古候反悼公八年卒索隱曰紀年爲十八年子休公

田立休公田二十三年卒子辟公辟兵立徐廣曰一云辟公兵。索隱曰紀年作桓侯璧兵則璧兵謚桓也又莊子云桓侯行未出城門其前驅呼辟蒙人止之後爲狂也司馬彪云呼辟使人避道蒙人以桓侯名辟而前驅呼辟故爲狂也辟公三年卒子剔成立年表云剔成君也。索隱曰王劭按紀年云宋剔成肝廢其君璧而自立剔成四十一年剔成弟偃攻襲剔成剔成敗奔齊偃自立爲宋君君偃十一年自立爲王索隱曰戰國策呂氏春秋皆以偃謚曰康王東敗齊取五城南敗楚取地三百里西敗魏軍乃與齊魏爲敵國盛血以韋囊縣而射之命曰射天淫於酒婦人羣臣諫者輒射之於是諸侯皆曰桀宋索隱曰晉太康地記言其似桀也宋其復爲紂所爲不可不

誅告齊伐宋王偃立四十七年齊湣王與魏楚伐宋殺王偃遂滅宋而三分其地年表云偃立四十三年

太史公曰孔子稱微子去之箕子為之奴比干諫而死殷有三仁焉何晏曰仁者愛人三人行異而同稱仁者何也以其俱在憂亂寧民也夏侯玄曰微子仕之窮也箕子比干志之窮也故或盡材而止或盡心而留皆其極也致極斯君子之事矣是以三仁不同而歸其一揆也春秋譏宋之亂自宣公廢太子而立弟公羊傳曰君子大居正宋之禍宣公為之也國以不寧者十世索隱曰公羊春秋有此說左氏則無譏焉襄公之時修行仁義欲為盟主其大夫正考父美之故追道契湯高宗殷所以興作商頌韓詩商頌章句亦美襄公。索隱曰今按毛詩商頌序云正考父於周之太師得商頌十二篇以那為首國語亦同此說今五篇存皆是商家祭祀樂章非考父追作也又考父佐戴武宣則在襄公前且百許歲安得述而美之斯謬說耳襄公既敗於泓而君子或以為多公羊傳曰君子大其不鼓不成列臨大事而不忘大禮有君而無臣以為雖文王之戰亦不過此也傷中國闕禮義褒之也索隱曰襄公臨大事不忘大禮而君子或以為多且傷中國之亂闕禮義之舉遂不嘉宋襄之盛德太史公褒而述之故云褒之也宋襄之有禮讓也

索隱述贊曰

殷有三仁　微箕紂親　一囚一去
不顧其身　頌美有客　書稱作賓
卒傳家嗣　或叙彝倫　微仲之後
世載忠勤　穆亦能讓　實為知人

傷泓之役　有君無臣　偃號桀宋
天之弃殷

史肆阡叁佰單玖字
註肆阡伍伯肆拾陸字

宋微子世家第八　史記三十八

晉世家第九　史記三十九

唐叔虞者周武王子而成王弟索隱曰唐叔以夢及手文而名曰虞至成王誅唐之後因戲削桐而封之叔字也故曰唐叔虞而唐有晉水至子燮改其國號曰晉侯然晉初封於唐故稱晉唐叔虞也且唐本堯後封在夏墟而都於鄂鄂今在大夏是也及成王滅唐之後乃分徙之於許郢之間故春秋有唐成公是也即今之唐州者也初武王與叔虞母會時左傳曰邑姜方娠太叔服虔曰邑姜武王后齊太公女夢天謂武王曰余命女生子名虞余與之唐及生子文在其手曰虞故遂因命之曰虞武王崩成王立唐有亂正義曰括地志云故唐城在絳州翼城縣西二十里即堯裔子所封春秋云夏孔甲時有堯苗裔劉累者以豢龍事孔甲夏后嘉之賜氏御龍以更豕韋之後龍一雌死潛醢之以食夏后既而使求之懼而遷於魯縣夏后召孟別封劉累之孫于大夏之墟為侯至周成王時唐人作亂成王滅之而封大叔更遷唐人子孫于杜謂之杜伯即范丐所云在周為唐杜氏按魯縣汝州魯山縣是今隨州棗陽縣東南一百五十里上唐鄉故城即後子孫徙於唐

周公誅滅唐成王與叔虞戲削桐葉為珪以與叔虞曰以此封若史佚因請擇日立叔虞成王曰吾與之戲耳史佚曰天子無戲言言則史書之禮成之樂歌之於是遂封叔虞於唐唐在河汾之東方百里故曰唐叔虞世本曰居鄂宋衷曰鄂地今在大夏。正義曰括地志云故鄂城在慈州昌寧縣東二里按與絳州夏縣相近禹都安邑故城在縣東北十五里故云在大夏也然封于河汾二水之東方百里正合在晉州平陽縣不合在鄂未詳姓姬氏字子于唐叔子燮是為晉侯正義曰燮先牒反括地志云故唐城在并州晉陽縣北二里城記云堯築也國都城記云唐叔虞之子燮父徙居晉水傍今并理故唐城唐者即燮父初徙之處其城南

半入州城中削爲坊城牆北半見在毛詩譜云叔虞子燮父以堯墟南有晉水改曰晉侯）晉侯子寧族
是爲武侯（索隱曰系本作曼期譙周作曼旗也）武侯之子服人是爲成
侯成侯子福是爲厲侯（索隱曰系本作輻）厲侯子宜臼是
爲靖侯靖侯已來年紀可推自唐叔至靖侯五
世無其年數靖侯十七年周厲王迷惑暴虐國
人作亂厲王出奔于彘大臣行政故曰共和（正義曰厲王奔彘周召和其百姓行政號曰共和）十
八年靖侯卒子釐侯司徒
立釐侯十四年周宣王初立十八年釐侯卒子
獻侯籍立（索隱曰系本及譙周皆作蘇）獻侯十一年卒子穆侯費
王立（索隱曰鄒誕本作弗生或作潰王並音秘）穆侯四年取齊女姜氏爲

夫人七年伐條（杜預曰條晉地）生太子仇十年伐千畝有
功（杜預曰西河界休縣南有地名千畝）生少子名曰成師（杜預曰意取能成其衆也）晉
人師服曰（賈逵曰晉大夫）異哉君之命子也太子曰仇仇
者讎也少子曰成師成師大號成之者也名自
命也物自定也今適庶名反逆此後晉其能毋
亂乎二十七年穆侯卒弟殤叔自立太子仇出
奔殤叔三年周宣王崩四年穆侯太子仇率其
徒襲殤叔而立是爲文侯文侯十年周幽王無
道犬戎殺幽王周東徙而秦襄公始列爲諸侯
三十五年文侯仇卒子昭侯伯立昭侯元年封

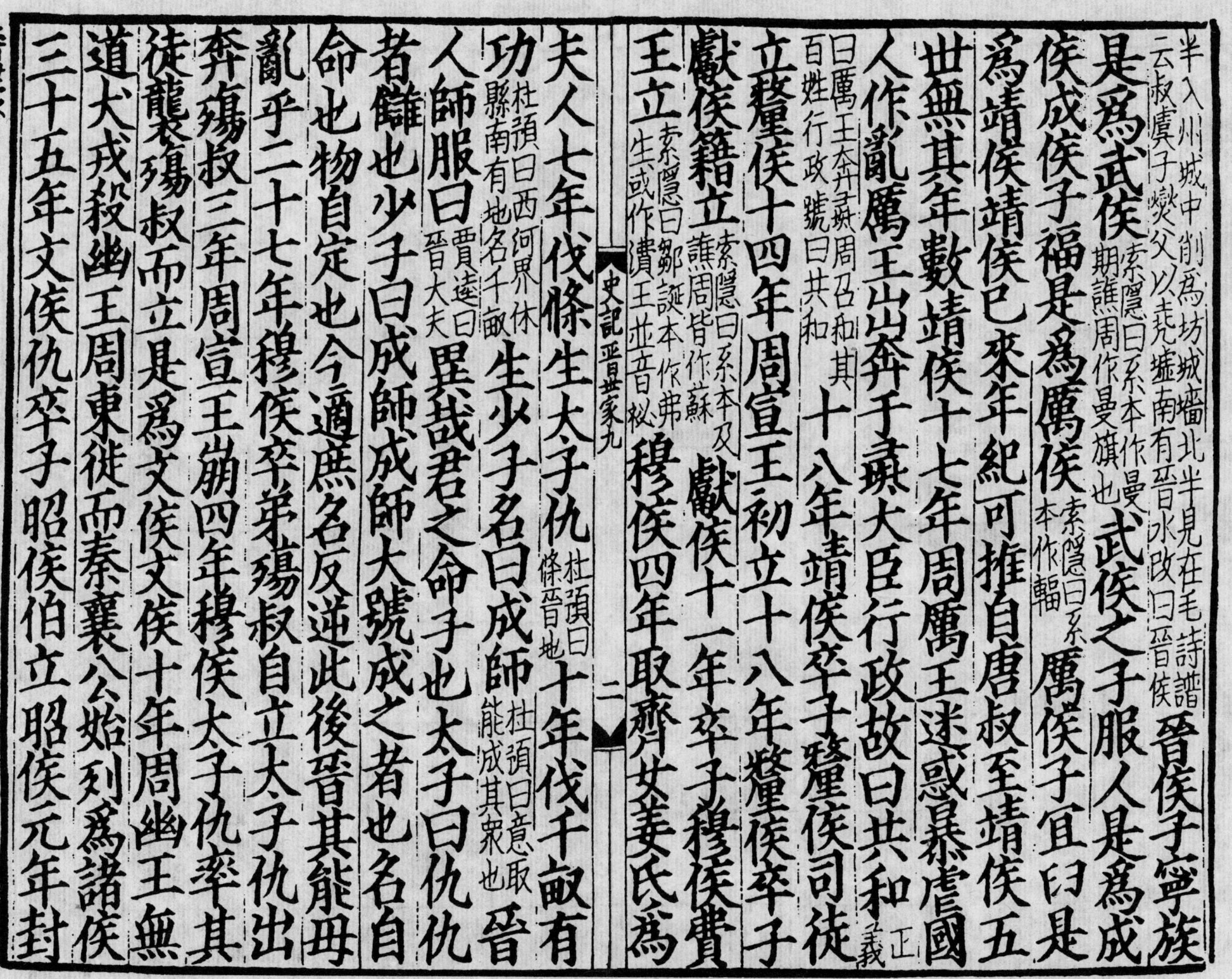

文侯弟成師于曲沃索隱曰河東之縣名漢武改曰聞喜也曲沃邑大
於翼翼晉君都邑也索隱曰翼本晉都自孝侯已下一號翼侯平陽絳邑縣東翼城正義曰世本云
是也成師封曲沃號為桓叔靖侯庶孫欒賓正義曰
欒叔賓父也相桓叔桓叔是時年五十八矣好德晉國
之衆皆附焉君子曰晉之亂其在曲沃矣末大
於本而得民心不亂何待七年晉大臣潘父弒
其君昭侯而迎曲沃桓叔桓叔欲入晉晉人發
兵攻桓叔桓叔敗還歸曲沃晉人共立昭侯子
平為君是為孝侯誅潘父孝侯八年曲沃桓叔
卒子鱓代桓叔是為曲沃莊伯索隱曰鱓音時戰反又音善又音陁孝

侯十五年曲沃莊伯弒其君晉孝侯于翼晉人
攻曲沃莊伯莊伯復入曲沃晉人復立孝侯子
郄為君是為鄂侯索隱曰系本作郄而他本亦作都。正義音丘戟反鄂侯二
年魯隱公初立鄂侯六年卒曲沃莊伯聞晉侯
卒乃興兵伐晉周平王使虢公將兵伐曲沃莊
伯莊伯走保曲沃晉人共立鄂侯子光是為哀
侯哀侯二年曲沃莊伯卒子稱代莊伯立正義曰稱尺證
反是為曲沃武公哀侯六年魯弒其君隱公哀
侯八年晉侵陘廷賈逵曰翼南鄙邑名陘廷與曲沃武公謀
九年伐晉于汾旁正義曰白郎反汾水之旁虜哀侯晉人乃立

哀侯子小子爲君是爲小子侯禮記曰天子未除喪曰余小子生名之死亦名之鄭玄曰晉有小子侯是取之天子也小子元年曲沃武公使韓萬殺所虜晉哀侯賈逵曰韓萬曲沃桓叔之子莊伯弟曲沃益彊晉無如之何晉小子之四年曲沃武公誘召晉小子殺之周桓王使虢仲正義曰馬融云周武王克商封文王異母弟虢仲於夏陽伐曲沃武公武公入于曲沃乃立晉哀侯弟緡爲晉侯晉侯緡四年宋執鄭祭仲而立突爲鄭君晉侯十九年齊人管至父弒其君襄公晉侯二十八年齊桓公始霸曲沃武公伐晉侯緡滅之盡以其寶器賂獻于周釐王釐王命曲沃武公爲

晉君列爲諸侯於是盡併晉地而有之曲沃武公已即位三十七年矣更號曰晉武公晉武公始都晉國前即位曲沃通年三十八年武公稱者先晉穆侯曾孫也索隱曰晉有兩穆侯一曰先以別後曲沃桓叔孫也桓叔者始封曲沃武公莊伯子也自桓叔初封曲沃以至武公滅晉也凡六十七歲而卒代晉爲諸侯武公代晉二歲卒與曲沃通年即位凡三十九年而卒子獻公詭諸立獻公元年周惠王弟頹攻惠王惠王出奔居鄭之櫟邑索隱曰櫟鄭邑今河南陽翟是也故鄭之十邑有櫟有華五年伐驪戎得驪姬韋昭曰西戎之別在驪山

也
驪姬弟俱愛幸之八年士蔿說公曰賈逵曰士蔿晉大夫
故晉之羣公子多不誅亂且起乃使盡殺諸公
子而城聚都之賈逵曰聚晉邑命曰絳始都絳索隱曰春秋莊二十六年傳士蔿城絳是也杜預曰今平陽絳邑縣應劭曰絳水出西南也九年晉羣公子既亡
奔虢虢以其故再伐晉弗克十年晉欲伐虢士
蔿曰且待其亂十二年驪姬生奚齊獻公有意
廢太子乃曰曲沃吾先祖宗廟所在而蒲邊秦
屈邊翟韋昭曰蒲今蒲坂屈北屈皆在河東杜預曰蒲今平陽蒲子縣是也不使諸子居
之我懼焉於是使太子申生居曲沃公子重耳
居蒲公子夷吾居屈獻公與驪姬子奚齊居絳

晉國以此知太子不立也太子申生其母齊桓
公女也曰齊姜早死申生同母女弟為秦穆公
夫人重耳母翟之狐氏女也夷吾母重耳母女
弟也獻公子八人而太子申生重耳夷吾皆有
賢行及得驪姬乃遠此三子十六年晉獻公作
二軍左傳曰王使虢公命曲沃伯以一軍為晉侯今始為二軍公將上軍太子申生
將下軍趙夙御戎畢萬為右伐滅霍滅魏滅耿服虔曰三國皆姬姓魏在晉之蒲坂河東也杜預曰平陽皮氏縣東南有耿鄉永安縣東北有霍太山也○索隱曰按永安縣西南汾水西有霍城古霍國有霍水出霍太山地理志河東北縣古魏國地記亦以為然服虔云在蒲坂非也地記又曰皮氏縣汾水南耿城是故耿國也
還為太子城曲沃賜趙夙耿賜

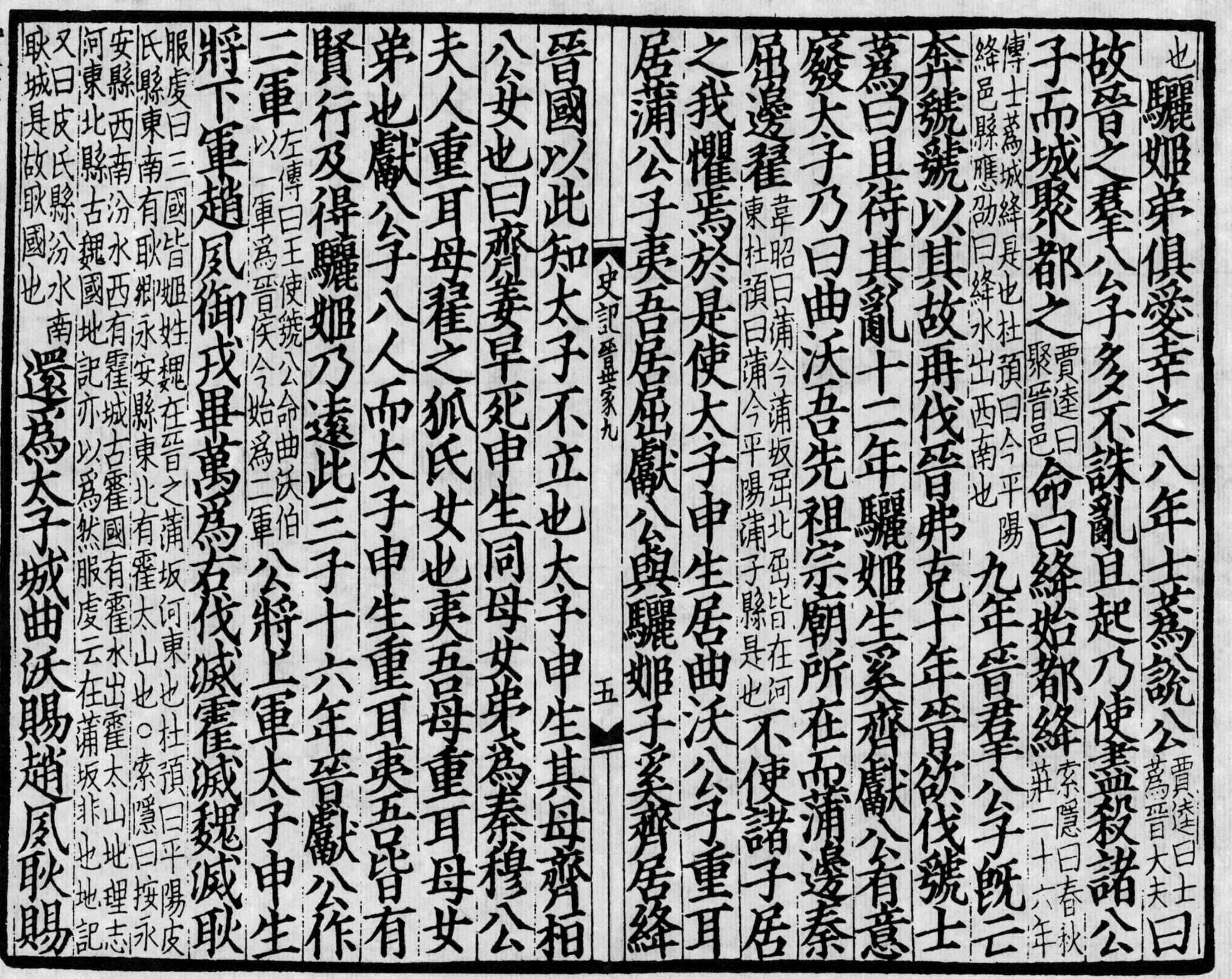

畢萬魏以爲大夫士蔿曰太子不得立矣分之
都城服虔曰邑有先君之主曰都而位以卿賈逵曰謂將下軍先爲之極服虔
曰言其祿位極盡於此又安得立不如逃之無使罪至爲吳
太伯不亦可乎王肅曰太伯知天命在王季奔吳不反猶有令名王肅曰雖去猶
可有令名何與其坐而及禍也太子不從卜偃曰畢萬之後必大賈逵
曰卜偃晉掌卜大夫郭偃萬盈數也魏大名也服虔曰數從一至萬爲滿魏喻巍巍高大
也以是始賞天開之矣服虔曰以魏賞畢萬是爲天開其福天子曰兆
民諸侯曰萬民今命之大以從盈數其必有衆賈逵
杜預曰以魏從萬有衆多之象初畢萬卜仕於晉國遇屯之比賈逵
曰震下坎上屯坤下坎上比屯初九變之比辛廖占之曰吉賈逵曰辛廖晉大夫屯固

比入吉孰大焉杜預曰屯險難也所以爲堅固比親密所以得入其後必蕃
昌十七年晉侯使太子申生伐東山賈逵曰東山赤狄別種
里克諫獻公賈逵曰里克晉卿里季也曰太子奉冢祀社稷之
粢盛以朝夕視君膳者也服虔曰膳飲食故曰冢子君
行則守有守則從服虔曰有代太子守則從之從曰撫軍服虔曰撫
循軍士守曰監國古之制也夫率師專行謀也杜預
曰率師者必專謀軍事誓軍旅杜預曰宣號令君與國政之所圖也賈逵
曰國政正卿也非太子之事也師在制命而已杜預曰命將軍所制禀
命則不威專命則不孝故君之嗣適不可以帥
師君失其官杜預曰太子統師是失其官率師不威將安用之杜預

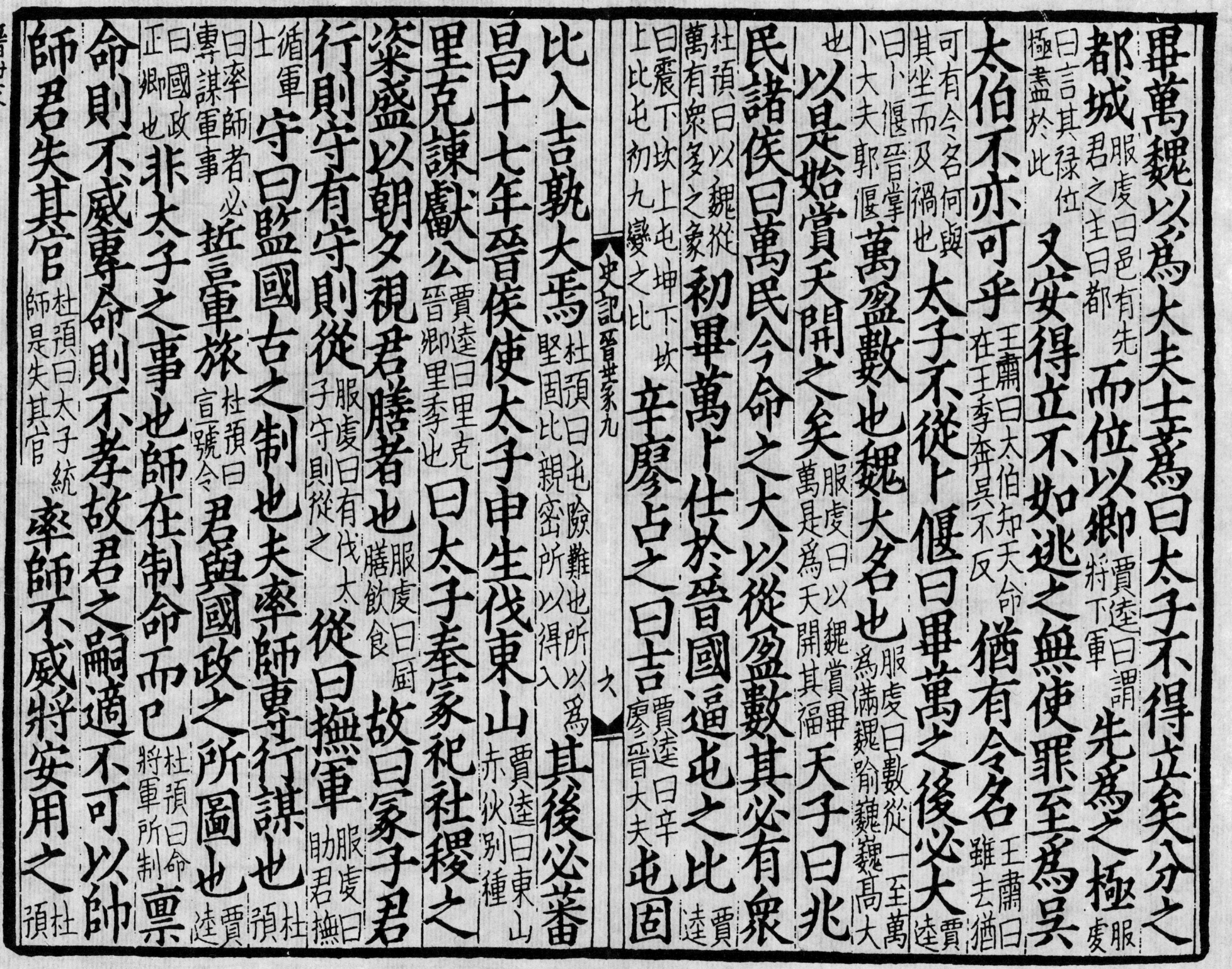

曰專命則不孝是為師必不威也公曰寡人有子未知其太子誰立里克不對而退見太子太子曰吾其廢乎里克曰太子勉之教以軍旅賈逵曰將下軍不共是懼何故廢乎且子懼不孝毋懼不得立服虔曰不得立己脩己而不責人則免於難太子帥師公衣之偏衣服虔曰偏裻之衣偏異色駁不純裻在中左右異故曰偏衣杜預曰偏衣左右異色其半似公服韋昭曰偏半也分身之半以授太子。正義曰上衣去聲下衣如字佩之金玦服虔曰以金為玦也韋昭曰金玦兵要也。正義曰玦音決里克謝病不從太子太子遂伐東山十九年獻公曰始吾先君莊伯武公之誅晉亂而虢常助晉伐我正義曰言虢助晉伐曲沃也又匿晉亡公子果為亂弗誅後

遺子孫憂乃使荀息以屈產之乘何休曰屈產出名馬之地乘備駟也假道於虞虞假道遂伐虢賈逵曰虞在晉南虢在虞南取其下陽以歸服虔曰下陽虢邑在大陽東北三十里穀梁傳曰下陽虞虢之塞邑獻公私謂驪姬曰吾欲廢太子以奚齊代之驪姬泣曰太子之立諸侯皆已知之而數將兵百姓附之奈何以賤妾之故廢適立庶君必行之妾自殺也驪姬詳譽太子而陰令人譖惡太子而欲立其子二十一年驪姬謂太子曰君夢見齊姜太子速祭曲沃服虔曰齊姜廟所在歸釐於君太子於是祭其母齊姜於曲沃上其薦胙於獻公獻公時出獵

置胙於宮中驪姬使人置毒藥胙中居二日索隱曰傳云六日獻公從獵來還宰人上胙獻公獻公欲饗之驪姬從旁止之曰胙所從來遠宜試之祭地地墳韋昭曰將飲先祭示有先也墳起也與犬犬死與小臣小臣死韋昭曰小臣官名掌陰事今閹士也驪姬泣曰太子何忍也其父而欲弒代之況他人乎且君老矣旦暮之人曾不能待而欲弒之謂獻公曰太子所以然者不過以妾及奚齊之故妾願子母辟之他國若早自殺毋徒使母子爲太子所魚肉也始君欲廢之妾猶恨之至於今妾殊自失於此索隱曰太子之行如此妾前見君欲廢而恨之今乃自以恨爲失也

太子聞之奔新城韋昭曰新城曲沃也新爲太子城獻公怒乃誅其傅杜原款或謂太子曰爲此藥者乃驪姬也太子何不自辭明之太子曰吾君老矣非驪姬寢不安食不甘即辭之君且怒之不可或謂太子曰可奔他國太子曰被此惡名以出人誰內我我自殺耳十二月戊申申生自殺於新城索隱曰國語云申生乃雉經於新城廟此時重耳夷吾來朝人或告驪姬曰二公子怨驪姬譖殺太子驪姬恐因譖二公子申生之藥胙二公子知之二子聞之恐重耳走蒲夷吾走屈保其城自備守初獻公使

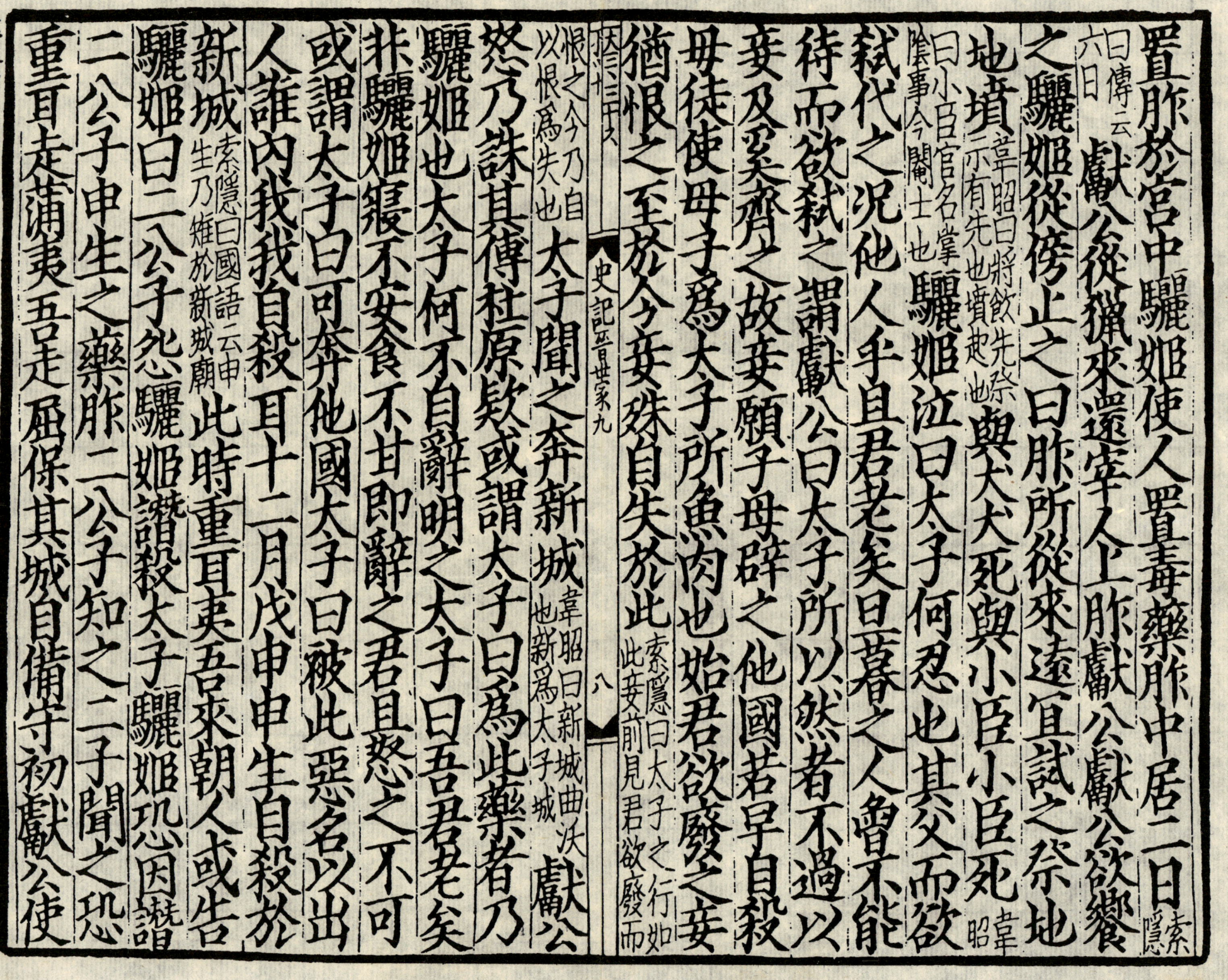

士蔿爲正義曰蔿爲詭反爲于僞反二公子築蒲屈城，弗就。夷吾以告公，公怒士蔿。士蔿謝曰：「邊城少寇，安用之？」退而歌曰：「狐裘蒙茸，一國三公，吾誰適從！」服虔曰蒙茸以言亂貌三公言君與二公子將敵故不知所從卒就城。及申生死，二子亦歸保其城。二十二年，獻公怒二子不辭而去，果有謀矣，乃使兵伐蒲。蒲人之宦者勃鞮正義曰勃白沒反鞮都提反韋昭云伯楚寺人勃鞮之字也於文公時爲勃鞮也命重耳促自殺。重耳踰垣，宦者追斬其衣袪。服虔曰袪袂也重耳遂奔翟。使人伐屈，屈城守，不可下。是歲也，晉復假道於虞以伐虢。虞之大夫宮之奇諫虞君曰：「晉不可假道

也，是且滅虞。」虞君曰：「晉我同姓，不宜伐我。」宮之奇曰：「太伯、虞仲，太王之子也，太伯亡去，是以不嗣。虢仲、虢叔，王季之子也，爲文王卿士，其記勳在王室，藏於盟府。杜預曰盟府司盟之官也將虢是滅，何愛于虞？且虞之親能親於桓、莊之族乎？桓、莊之族何罪？盡滅之。虞之與虢，脣之與齒，脣亡則齒寒。」虞公不聽，遂許晉。宮之奇以其族去虞。其冬，晉滅虢，虢公醜奔周。皇覽曰虢公冢在河內溫縣郭東濟水南大冢是也其城南有虢公臺還，襲滅虞，虜虞公及其大夫井伯百里奚正義曰南雍州記云百里奚宋井伯宛人也以媵秦穆姬，杜預曰穆姬獻公女送女曰媵以屈辱之而修虞

祀服虔曰虞所祭祀命祀也荀息牽曩所遺虞屈產之乘馬奉之獻公獻公笑曰馬則吾馬齒亦老矣公羊傳曰盖戲之也何休曰以馬齒戲喻荀息之年老也二十三年獻公遂發賈華等伐屈賈逵曰賈華晉右行大夫屈潰正義曰民逃其上曰潰夷吾將奔翟冀芮曰不可韋昭曰冀芮晉大夫重耳已在矣今往晉必移兵伐翟翟畏晉禍且及不如走梁梁近於秦秦彊吾君百歲後可以求入焉遂奔梁二十五年晉伐翟翟以重耳故亦擊晉於齧桑左傳作采桑服虔曰翟地。索隱曰裴氏云左傳作采桑按今平陽曲南七十里河水有采桑津是晉境服虔云翟地亦頗相近然字作齧桑采齧桑衛地恐非也晉兵解而去當此時晉彊西有河西與秦接境北

邊翟東至河內索隱曰河內河曲也內音汭驪姬弟生悼子索隱曰左傳作卓子音恥角反弟女弟也二十六年夏齊桓公大會諸侯於葵丘正義曰在曹州考城縣東南一里晉獻公病行後未至逢周之宰孔宰孔曰齊桓公益驕不務德而務遠略諸侯弗平君第毋會索隱曰第但也毋如晉何獻公亦病復還歸病甚乃謂荀息曰吾以奚齊為後年少諸大臣不服恐亂起子能立之乎荀息曰能獻公曰何以為驗對曰使死者復生生者不慚為之驗索隱曰謂荀息受公命而立奚齊雖復身死不背生時之命是謂死者復生也言生者見荀息不背君命而死不為之羞慚也於是遂屬奚齊於荀息荀息為相主國政

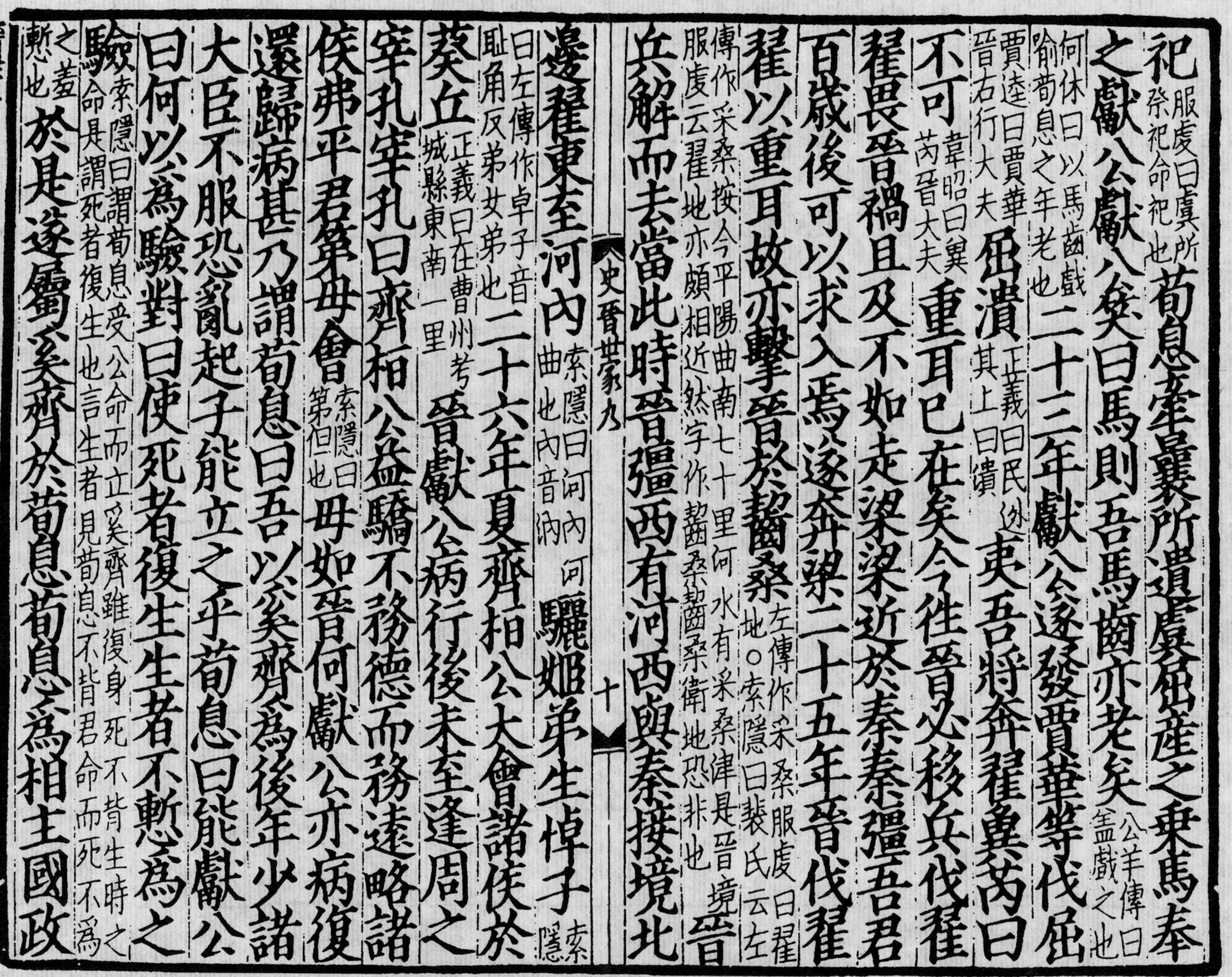

秋九月獻公卒里克邳鄭欲內重耳以三公子之徒作亂賈逵曰邳鄭晉大夫三公子申生重耳夷吾謂荀息曰三怨將起秦晉輔之子將何如荀息曰吾不可負先君言十月里克殺奚齊于喪次獻公未葬也荀息將死之或曰不如立奚齊弟悼子而傅之荀息立悼子而葬獻公十一月里克弒悼子于朝列女傳曰鞭殺驪姬于市荀息死之君子曰詩所謂白珪之玷猶可磨也斯言之玷不可為也杜預曰詩大雅言此言之缺難治甚於白珪其荀息之謂乎不負其言初獻公將伐驪戎卜曰齒牙為禍韋昭曰齒牙謂兆端左右釁坼有似齒牙中有縱畫以象讒言之為害也及破

驪戎獲驪姬愛之竟以亂晉里克等已殺奚齊悼子使人迎公子重耳於翟正義曰國語云里克及邳鄭使屠岸迎夷吾公子重耳於翟曰國亂民擾得國在亂治民在擾子盍入乎欲立之重耳謝曰負父之命正義曰負音佩出奔父死不得脩人子之禮侍喪重耳何敢入大夫其更立他子還報里克里克使迎夷吾於梁夷吾欲往呂省正義曰省音眚杜預云姓瑕呂名飴生字子金郤芮正義曰郤成子即冀芮曰內猶有公子可立者而外求難信計非之秦輔彊國之威以入恐危乃使郤芮厚賂秦約曰即得入請以晉河西之地與秦乃遺里克書曰誠得立請遂封子於汾陽之邑賈逵

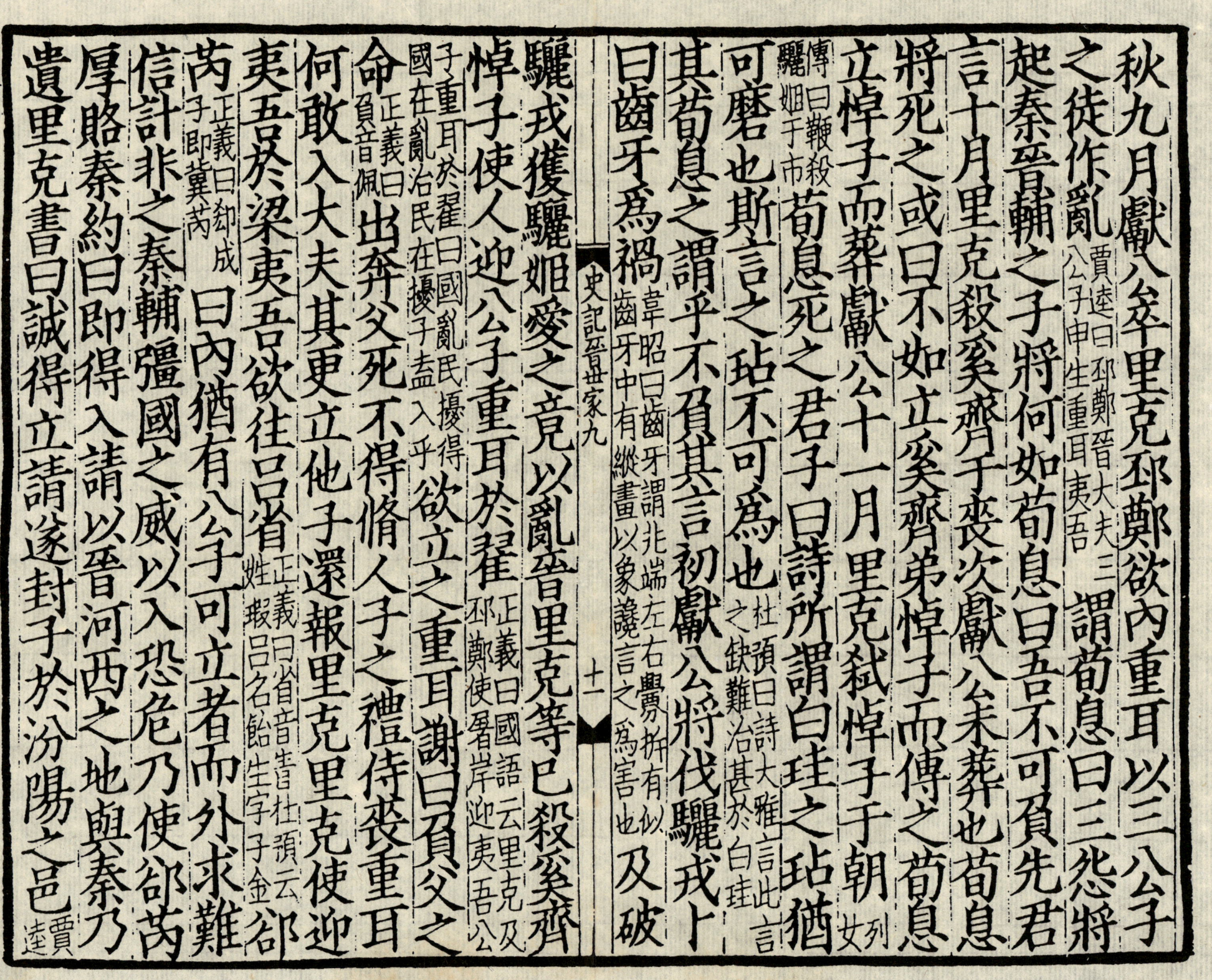

曰汾水名汾陽晉地也○索隱曰國語云命里克汾陽之田百萬命丕鄭以負蔡之田七十萬今此不言亦踈略也秦
穆公乃發兵送夷吾於晉齊桓公聞晉內亂亦
率諸侯如晉秦兵與夷吾亦至晉齊乃使隰朋
會秦俱入夷吾立爲晉君是爲惠公齊桓公至
晉之高梁而還歸惠公夷吾元年使邳鄭謝秦
曰始夷吾以河西地許君今幸得入立大臣曰
地者先君之地君亡在外何以得擅許秦者寡
人爭之弗能得故謝秦亦不與里克汾陽邑而
奪之權四月周襄王使周公忌父（賈逵曰周卿士）會齊秦
大夫共禮晉惠公惠公以重耳在外畏里克爲

變賜里克死謂曰微里子寡人不得立雖然子
亦殺二君一大夫（服虔曰奚齊悼子荀息也）爲子君者不亦難
乎里克對曰不有所廢君何以興欲誅之其無
辭乎乃言爲此臣聞命矣遂伏劒而死於是邳
鄭使謝秦未還故不及難晉君改葬恭太子申
生（韋昭曰獻公時申生葬不如禮故改葬之）秋狐突之下國（服虔曰晉所滅國以爲下邑一曰曲沃有宗廟故謂之國在絳下故曰下國也）遇申生申生與載而告之（杜預曰忽如夢而相見狐突本爲申生御故復使登車）
曰夷吾無禮余得請於帝（服虔曰帝天帝請罰有罪）將以晉與秦秦將祀余狐突對曰臣
聞神不食非其宗君其祀毋乃絕乎君其圖之

申生曰諾吾將復請帝後十日（左傳曰七日）新城西偏將有巫者見我焉（杜預曰將因巫以見）許之遂不見（杜預曰狐突許其言申生之象亦没）及期而往復見申生告之曰帝許罰有罪矣弊於韓（賈逵曰弊敗也韓晉韓原）兒乃謠曰恭太子更葬矣（索隱曰更改也更葬謂改葬）後十四年晉亦不昌昌乃在兄

邳鄭使秦聞里克誅乃說秦繆公曰呂省郤稱冀芮實爲不從（杜預曰三子晉大夫不從不與秦賂也○索隱曰呂省左傳作呂甥）若重賂與謀出晉君入重耳事必就秦繆公許之使人與歸報晉厚賂三子三子曰幣厚言甘此必邳鄭賣我於秦遂殺邳鄭及里克邳鄭之黨七輿大夫（韋昭曰七輿申生下軍之衆大夫也杜預曰侯伯七命副車七乘）邳鄭子豹奔秦言伐晉繆公弗聽惠公之立倍秦地及里克誅七輿大夫國人不附二年周使召公過（韋昭曰召武公爲王卿士）禮晉惠公惠公禮倨（索隱曰謂受玉惰也事見僖十一年）召公譏之四年晉饑乞糴於秦繆公問百里奚（服虔曰秦大夫）百里奚曰天菑流行國家代有救菑恤鄰國之道也與之邳鄭子豹曰伐之繆公曰其君是惡其民何罪卒與粟自雍屬絳五年秦饑請糴於晉晉君謀之慶鄭曰（杜預曰慶鄭晉大夫）以秦得立已而倍其地約晉饑而秦貸我今秦饑請糴與之何疑

而謀之虢射曰服虔曰虢射惠公舅往年天以晉賜秦秦弗知取而貸我今天以秦賜晉晉其可以逆天乎遂伐之惠公用虢射謀不與秦粟而發兵且伐秦秦大怒亦發兵伐晉六年春秦穆公將兵伐晉晉惠公謂慶鄭曰秦師深矣韋昭曰深入境一曰深尤重奈何鄭曰秦內君君倍其賂晉饑秦輸粟秦饑而晉倍之乃欲因其饑伐之其深不亦宜乎晉卜御右慶鄭皆吉公曰鄭不孫服虔曰孫順乃更令步陽御戎家僕徒為右服虔曰二子晉大夫也進兵九月壬戌秦穆公晉惠公合戰韓原索隱曰在馮翊夏陽北二十里今之韓城縣是惠公

馬鷙不行索隱曰鷙音竹二反謂馬重而陷之於泥秦兵至公窘召慶鄭為御鄭曰不用卜敗不亦當乎遂去更令梁繇靡御正義曰韋昭云梁由靡大夫也虢射為右輅秦穆公服虔曰輅迎也。索隱曰輅音五稼反鄒誕音或額反繆公壯士冒敗晉軍晉軍敗遂失秦繆公反獲晉公以歸秦將以祀上帝晉君姊為繆公夫人衰絰涕泣公曰得晉侯將以為樂今乃如此且吾聞箕子見唐叔之初封曰其後必當大矣晉庸可滅乎乃與晉侯盟王城杜預曰馮翊臨晉縣東有王城而許之歸晉侯亦使呂省等報國人曰孤雖得歸毋面目見社稷卜日立子圉晉人聞之皆哭秦繆公問呂省晉國和乎對曰不和小人懼失君亡親正義曰君惠公也親父母也言懼失君國亂恐亡父母不憚立子圉曰必報讎寧事戎狄正義曰小人言立子圉為君之後必報秦終不事秦寧事戎狄耳其君子則愛君而知罪以待秦命曰必報德有此二故不和於是秦繆公更舍晉惠公餽之七牢正義曰餽音匱一牛一羊一豕為一牢十一月歸晉侯晉侯至國誅慶鄭修政教謀曰重耳在外諸侯多利內之欲使人殺重耳於狄重耳聞之如齊八年使太子圉質秦正義曰質音致初惠公亡在梁梁伯以其女妻之生一男一女梁伯卜之男為人臣

女為人妾故名男為圉女為妾服虔曰圉人掌養馬臣之賤者不聘曰妾十年秦滅梁梁伯好土功治城溝賈逵曰溝塹也民力罷正義曰罷音皮怨其衆數相驚曰秦寇至民恐惑秦竟滅之十三年晉惠公病內有數子太子圉曰吾母家在梁梁今秦滅之我外輕於秦而內無援於國君即不起病大夫輕更立他公子乃謀與其妻俱亡歸秦女曰子一國太子辱在此秦使婢子侍服虔曰曲禮云世婦以下自稱婢子婢子婦人之卑稱以固子之心子亡矣我不從子亦不敢言子圉遂亡歸晉十四年九月惠公卒太子圉立是為懷公子圉之亡

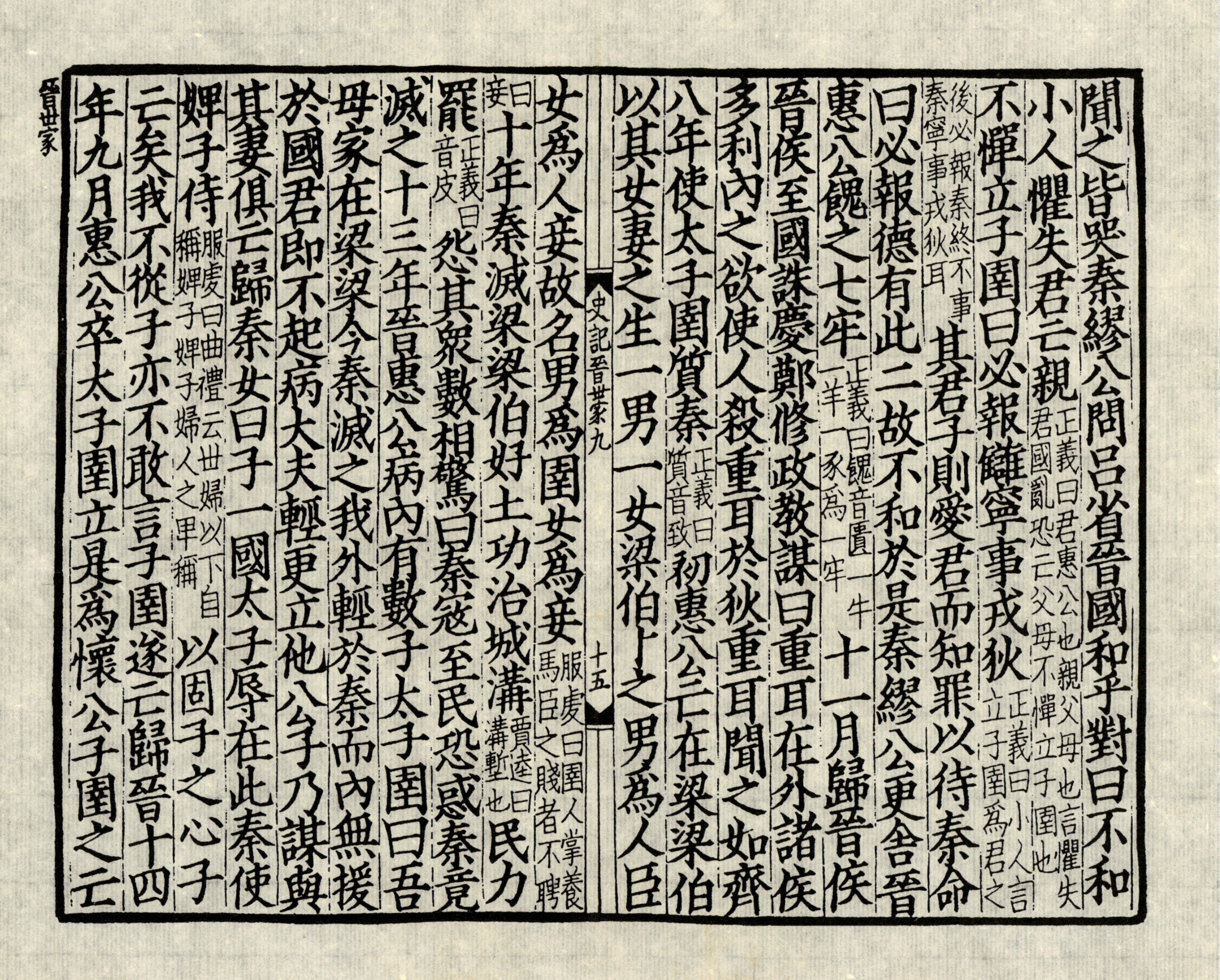

秦怨之乃求公子重耳欲内之子圉之立畏秦之伐也乃令國中諸從重耳亡者與期期盡不到者盡滅其家狐突之子毛及偃從重耳在秦弗肯召懷公怒囚狐突突曰臣子事重耳有年數矣今召之是教之反君也何以教之懷公卒殺狐突秦繆公乃發兵送内重耳使人告欒郤之黨（正義曰欒枝郤縠之屬）為内應殺懷公於高梁入重耳重耳立是為文公晉文公重耳晉獻公之子也自少好士年十七有賢士五人曰趙衰狐偃咎犯文公舅也賈佗先軫魏武子自獻公為太子

時重耳固已成人矣獻公即位重耳年二十一獻公十三年以驪姬故重耳備蒲城守秦獻公二十一年獻公殺太子申生驪姬讒之恐不辭獻公而守蒲城獻公二十二年獻公使宦者履鞮趣殺重耳（索隱曰履鞮即左傳之勃鞮亦曰寺人披也）重耳踰垣宦者逐斬其衣袪重耳遂奔狄狄其母國也是時重耳年四十三從此五士其餘不名者數十人至狄狄伐咎如（賈逵曰赤狄之別隗姓○索隱曰咎音高鄒誕本作囷如又云或作囚）得二女以長女妻重耳生伯鯈（正義曰直留反）叔劉以少女妻趙衰生盾（索隱曰左傳云伐廧咎如獲其二女叔隗季隗以叔隗妻趙衰生盾公子取季隗生伯鯈叔劉則叔隗長）

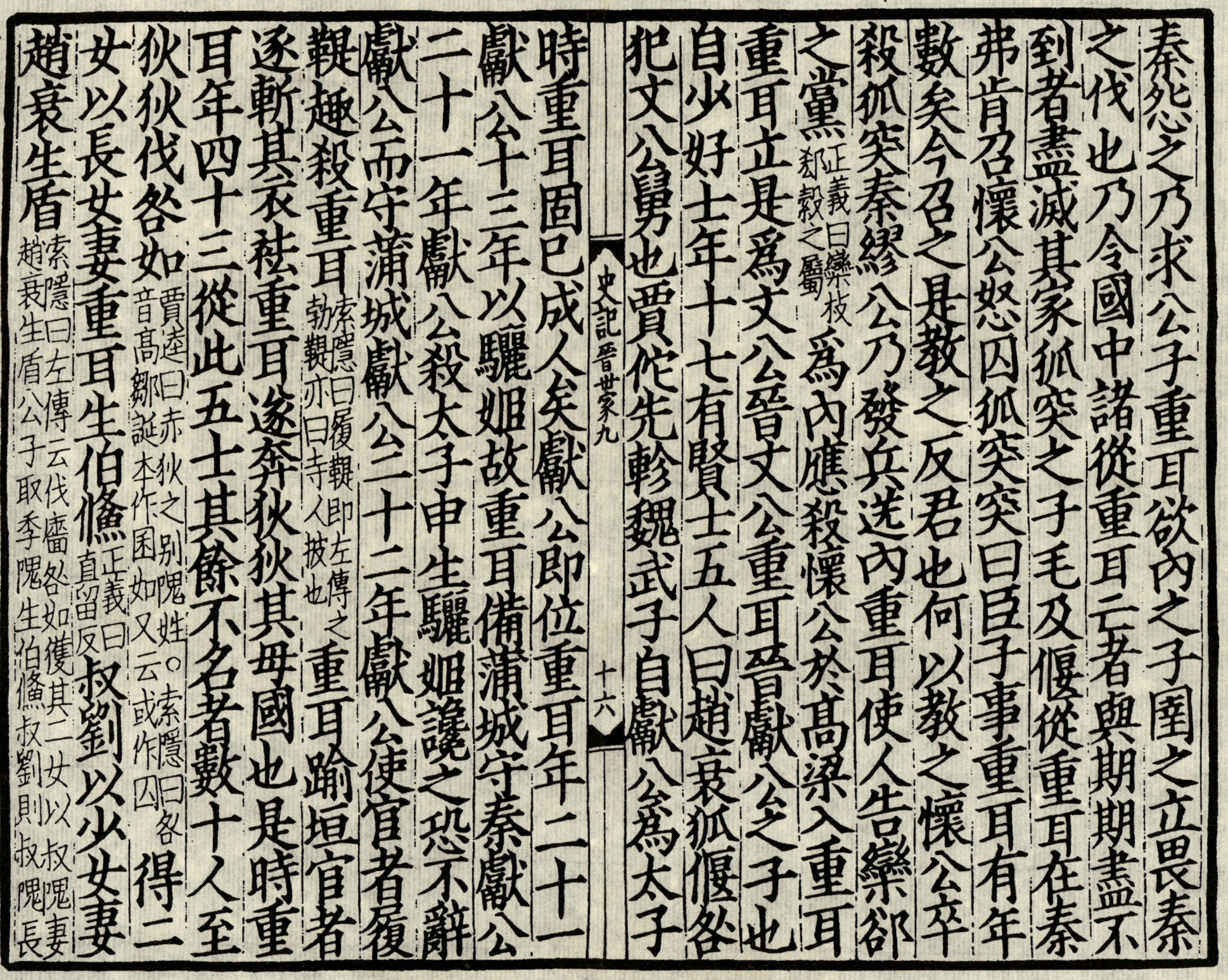

而季隗少乃不同也居狄五歲而晉獻公卒里克已殺奚齊悼子乃使人迎欲立重耳重耳畏殺因固謝不敢入已而晉更迎其弟夷吾立之是爲惠公惠公七年畏重耳乃使宦者履鞮與壯士欲殺重耳重耳聞之乃謀趙衰等曰始吾奔狄非以爲可用興索隱曰興起也非翟可用興起故奔之也以近易通故且休足休足久矣固願徙之大國夫齊桓公好善志在霸王收恤諸侯今聞管仲隰朋死此亦欲得賢佐盍往乎於是遂行重耳謂其妻曰待我二十五年不來乃嫁其妻笑曰犂二十五年索隱曰犂猶比也。正義

曰杜預云言將死入木也不復成嫁也吾冢上柏大矣雖然妾待子重耳居狄凡十二年而去過衛衛文公不禮去過五鹿賈逵曰衛地杜預曰今衛縣西北有地名五鹿平陽元城縣東亦有五鹿飢而從野人乞食野人盛土器中進之重耳怒趙衰曰土者有土也君其拜受之至齊齊桓公厚禮而以宗女妻之有馬二十乘重耳安之重耳至齊二歲而桓公卒會豎刀等爲內亂齊孝公之立諸侯兵數至留齊凡五歲重耳愛齊女毋去心趙衰咎犯乃於桑下謀行齊女侍者在桑上聞之以告其主其主乃殺侍者服虔曰懼孝公怒故殺之以滅口勸重耳趣

行重耳曰人生安樂孰知其他必死於此 徐廣曰一云人生一世必死於此 不能去齊女曰子一國公子窮而來此數士者以子爲命子不疾反國報勞臣而懷女德竊爲子羞之且不求何時得功乃與趙衰等謀醉重耳載以行行遠而覺重耳大怒引戈欲殺咎犯咎犯曰殺臣成子偃之願也重耳曰事不成我食舅氏之肉咎犯曰事不成犯肉腥臊何足食乃止遂行過曹曹共公不禮欲觀重耳駢脅曹大夫釐負羈曰晉公子賢又同姓窮來過我柰何不禮共公不從其謀負羈乃私遺重

耳食置璧其下重耳受其食還其璧去過宋宋襄公新困兵於楚傷於泓聞重耳賢乃以國禮禮於重耳 索隱曰以國君之禮禮之也 宋司馬公孫固善於咎犯曰宋小國新困不足以求入更之大國乃去過鄭鄭文公弗禮鄭叔瞻諫其君曰晉公子賢而其從者皆國相且又同姓鄭之出自厲王而晉之出自武王鄭君曰諸侯亡公子過此者衆安可盡禮叔瞻曰君不禮不如殺之且後爲國患鄭君不聽重耳去之楚楚成王以適諸侯禮待之 索隱曰適音敵 重耳謝不敢當趙衰曰子亡在外十餘

年小國輕子況大國乎今楚大國而固遇子子其毋讓此天開子也遂以客禮見之成王厚遇重耳重耳甚卑成王曰子即反國何以報寡人重耳曰羽毛齒角玉帛君王所餘未知所以報王曰雖然何以報不穀重耳曰即不得已與君王以兵車會平原廣澤請辟王三舍賈逵曰司馬法從遯不過三舍三舍九十里也楚將子玉怒曰王遇晉公子至厚今重耳言不孫請殺之成王曰晉公子賢而困於外久從者皆國器此天所置庸可殺乎且言何以易之索隱曰子玉請殺重耳楚成王不許言人之出言不可輕易之也居楚數月而晉

太子圉亡秦秦怨之聞重耳在楚乃召之成王曰楚遠更數國乃至晉秦晉接境秦君賢子其勉行厚送重耳重耳至秦繆公以宗女五人妻重耳故子圉妻與往重耳不欲受司空季子服虔曰胥臣臼季也曰其國且伐況其故妻乎且受以結秦親而求入子乃拘小禮忘大醜乎遂受繆公大歡與重耳飲趙衰歌黍苗詩韋昭曰詩云芃芃黍苗陰雨膏之繆公曰知子欲急反國矣趙衰與重耳下再拜曰孤臣之仰君如百穀之望時雨是時晉惠公十四年秋惠公以九月卒子圉立十一月葬惠公十

二月晉國大夫欒郤等聞重耳在秦皆陰來勸重耳趙衰等反國為內應甚衆於是秦繆公乃發兵與重耳歸晉晉聞秦兵來亦發兵拒之然皆陰知公子重耳入也唯惠公之故貴臣呂郤之屬正義曰呂甥郤芮也不欲立重耳重耳出亡凡十九歲而得入時年六十二矣晉人多附焉文公元年春秦送重耳至河咎犯曰臣從君周旋天下過亦多矣臣猶知之況於君乎請從此去矣重耳曰若反國所不與子犯共者河伯視之索隱曰視猶見也乃投璧河中以與子犯盟是時介子推從在船

中乃笑曰天實開公子而子犯以為己功而要市於君固足羞也吾不忍與同位乃自隱渡河秦兵圍令狐晉軍于廬柳韋昭曰廬柳晉地名二月辛丑咎犯與秦晉大夫盟於郇杜預曰解縣西北有郇城○索隱曰音荀即文王之子所封又音環壬寅重耳入于晉師丙午入于曲沃丁未朝于武宮賈逵曰文公之祖武公廟也即位為晉君是為文公羣臣皆往懷公圉奔高梁戊申使人殺懷公懷公故大臣呂省郤芮本不附文公文公立恐誅乃欲與其徒謀燒公宮殺文公文公不知始嘗欲殺文公宦者履鞮知其謀欲以告文公解前罪

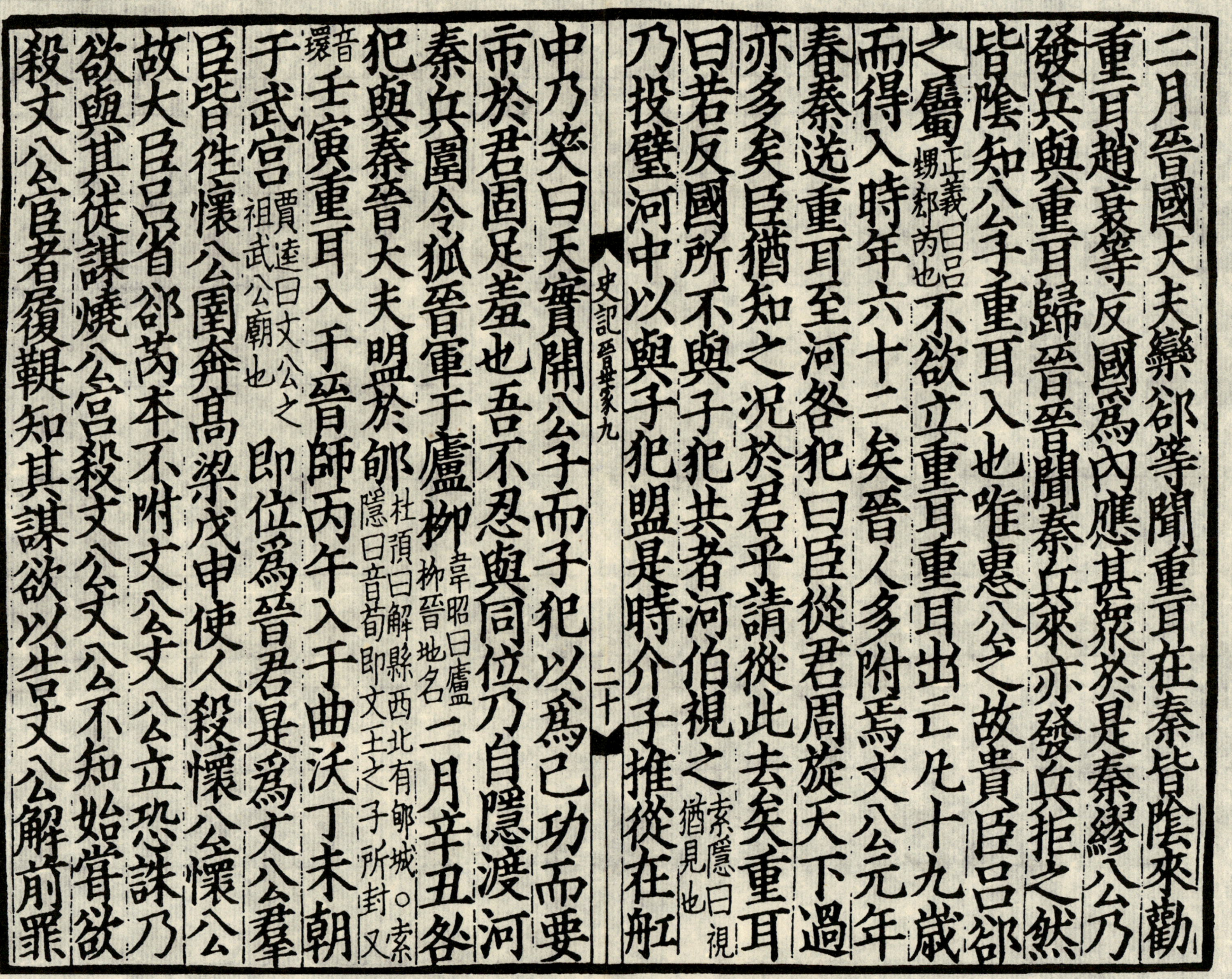

求見文公文公不見使人讓曰蒲城之事女斬予袪其後我從狄君獵女爲惠公來求殺我惠公與女期三日至而女一日至何速也女其念之官者曰臣刀鋸之餘不敢以二心事君倍主故得罪於君君已反國其毋蒲翟乎且管仲射鉤桓公以霸今刑餘之人以事告而君不見禍又且及矣於是見之遂以呂郤等告文公文公欲召呂郤呂郤等黨多文公恐初入國國人賣已乃爲微行會秦繆公於王城（索隱曰杜預云馮翊臨晉縣東有故王城今名武鄉城）國人莫知三月己丑呂郤等果反焚公宮

不得文公文公之衛徒與戰呂郤等引兵欲奔秦繆公誘呂郤等殺之河上晉國復而文公得歸夏迎夫人於秦秦所與文公妻者卒爲夫人秦送三千人爲衛以備晉亂文公修政施惠百姓賞從亡者及功臣大者封邑小者尊爵未盡行賞周襄王以弟帶難出居鄭地來告急晉晉初定欲發兵恐他亂起是以賞從亡未至隱者介子推推亦不言祿祿亦不及推曰獻公子九人唯君在矣惠懷無親外內弃之天未絕晉必將有主主晉祀者非君而誰天實開之二三子

以爲己力不亦誣乎竊人之財猶曰是盜況貪天之功以爲己力乎下冒其罪上賞其姦上下相蒙服虔曰蒙欺也難與處矣其母曰盍亦求之以死誰懟推曰尤而效之罪有甚焉且出怨言不食其祿母曰亦使知之若何對曰言身之文也身欲隱安用文之文之是求顯也其母曰能如此乎與女偕隱至死不復見介子推從者憐之乃懸書宮門曰龍欲上天五蛇爲輔索隱曰龍喻重耳五蛇即五臣狐偃趙衰魏武子司空季子及子推也舊云五臣有先軫顛頡今恐二人非其數龍已升雲四蛇各入其宇一蛇獨怨終不見處所文公出見其

書曰此介子推也吾方憂王室未圖其功使人召之則亡遂求所在聞其入縣上山中賈逵曰縣上晉地杜預曰西河介休縣南有地名縣上於是文公環縣上山中而封之以爲介推田徐廣曰一作國號曰介山以記吾過且旌善人賈逵曰旌表也從亡賤臣壺叔曰君三行賞賞不及臣敢請罪文公報曰夫導我以仁義防我以德惠此受上賞輔我以行卒以成立此受次賞矢石之難汗馬之勞此復受次賞若以力事我而無補吾缺者此受次賞三賞之後故且及子晉人聞之皆說二年春秦軍河上將入王索隱曰河上晉地趙衰

曰求霸莫如入王尊周周晉同姓晉不先入王後秦入之毋以令于天下方今尊王晉之資也三月甲辰晉乃發兵至陽樊服虔曰陽樊周地陽邑名也樊仲山之所居故曰陽樊圍温入襄王于周四月殺王弟帶周襄王賜晉河内陽樊之地四年楚成王及諸侯圍宋宋公孫固如晉告急先軫曰報施定霸於今在矣杜預曰報宋贈馬之施狐偃曰楚新得曹而初婚於衛若伐曹衛楚必救之則宋免矣於是晉作三軍王肅曰始復成國之禮半周軍也趙衰舉郤縠將中軍郤臻佐之使狐偃將上軍狐毛佐之命趙衰為卿欒枝將下軍賈逵

曰欒枝欒賓之孫先軫佐之荀林父御戎魏犨為右正義曰犨昌由反又音受往伐冬十二月晉兵先下山東而以原封趙衰杜預曰河内沁水縣西北有原城五年春晉文公欲伐曹假道於衛衛人弗許還自河南度侵曹伐衛正月取五鹿二月晉侯齊侯盟于斂盂杜預曰衛地也衛侯請盟晉晉人不許衛侯欲與楚國人不欲故出其君以說晉衛侯居襄牛服虔曰衛地也公子買守衛楚救衛不卒徐廣曰一作勝晉侯圍曹三月丙午晉師入曹數之以其不用釐負羈言而用美女乘軒者三百人也令軍毋入僖負羈宗家以報德楚圍宋宋復

告急晉文公欲救則攻楚為楚嘗有德不欲伐也欲釋宋宋又嘗有德於晉患之索隱曰晉若攻楚則傷楚子送其入秦之德又欲釋宋不救乃虧宋公贈馬之恵進退有難是以患之先軫曰執曹伯分曹衛地以與宋楚急曹衛其勢宜釋宋索隱曰楚初得曹又新婚於衛今晉執曹伯而分曹衛之地與宋則楚急曹衛其勢宜釋宋也於是文公從之而楚成王乃引兵歸楚將子玉曰王遇晉至厚今知楚急曹衛而故伐之是輕王王曰晉侯亡在外十九年困日久矣果得反國險阸盡知之能用其民天之所開不可當子玉請曰非敢必有功願以閒執讒慝之口也服虔曰子玉非敢求有大功但欲執蔿賈讒慝之口

謂子玉過三百乘不能入也杜預曰執猶塞也楚王怒少與之兵於是子玉使宛春告晉賈逵曰宛春楚大夫請復衛侯而封曹臣亦釋宋咎犯曰子玉無禮矣君取一臣取二勿許韋昭曰君文公也臣子玉也一謂釋宋圍二謂復曹衛先軫曰定人之謂禮楚一言定三國子一言而亡之我則毋禮不許楚是弃宋也不如私許曹衛以誘之執宛春以怒楚韋昭曰怒楚令必戰既戰而後圖之杜預曰須勝負決乃定計晉侯乃囚宛春於衛且私許復曹衛曹衛告絕於楚楚得臣怒得臣即子玉擊晉師晉師退軍吏曰為何退文公曰昔在楚約退三舍可倍乎楚師欲去得臣不肯

四月戊辰宋公齊將秦將與晉侯次城濮賈逵曰衛地也。索隱曰宋公成公王臣齊將國歸父秦將小子憖也己巳與楚兵合戰楚兵敗得臣收餘兵去甲午晉師還至衡雍杜預曰衡雍鄭地今滎陽卷縣也作王宮于踐土服虔曰既敗楚師襄王自往臨踐土賜命晉侯晉侯聞而為之作宮。索隱曰杜預云踐土鄭地然據此文晉師還至衡雍衡雍在河南也故劉氏云踐土在河南下文踐土在河北今元城縣西有踐土驛義或然也初鄭助楚楚敗懼使人請盟晉侯晉侯與鄭伯盟五月丁未獻楚俘於周正義曰俘音孚囚也駟介百乘徒兵千服虔曰駟介駟馬被甲也徒兵步卒也天子使王子虎命晉侯為伯賈逵曰王子虎周大夫賜大輅彤弓矢百玈弓矢千賈逵曰大輅金輅彤弓赤玈弓黑也諸侯賜弓矢然後征伐。正義曰彤徒冬反玈音盧秬鬯一卣珪瓚賈逵曰秬黑黍鬯香酒也所以降神卣器名諸侯賜珪瓚然後為鬯虎賁三百人賈逵曰天子卒曰虎賁晉侯三辭然後稽首受之賈逵曰稽首首至地周作晉文侯命王若曰父義和孔安國曰同姓故稱曰父馬融曰王順曰父能以義和我諸侯。索隱曰尚書文侯之命是平王命晉文侯仇之語今此乃是襄王命文公重耳之事代數懸隔勳策全乖太史公雖復弥縫左氏而系家頗亦時有疏謬裴氏集解亦引孔馬之注而都不言時代乖角何習迷而同醉也然計平王至襄王為七代仇至重耳為十一代而十三侯又平王元年至魯僖二十八年當襄二十年為一百三十餘歲矣學者頗合討論之劉伯莊以為蓋天子命晉同此一辭尤為非也丕顯文武能慎明德孔安國曰文王武王能詳慎顯用明德昭登於上布聞在下馬融曰昭明也上謂天下謂人維時上帝集厥命于文武孔安國曰惟以是故集成其王命德流子孫恤朕身繼予一人永其在位孔安國曰當憂念我身則我一人長安在位於是晉文公稱伯癸亥王子虎盟諸侯於王庭服虔曰王庭踐土也○索隱曰服氏知王庭是踐土者據二十八年五月公會晉侯盟于踐土又此上文四月甲午作王宮于踐土王庭即王宮也晉焚楚軍火數日不息文公歎左右曰勝楚而君猶憂何文公曰吾聞能戰勝安者唯聖人是以懼且子玉猶在庸可喜乎子玉之敗而歸楚成王怒其不用其言貪與晉戰讓責子玉子玉自殺晉文公曰我擊其外楚誅其內內外相應於是乃喜六月晉人復入衛侯壬午晉度河北歸國行賞狐偃為首或曰城濮之事先軫之謀文公曰城濮之事偃說我毋失信先軫

曰軍事勝為右吾用之以勝然此一時之說偃言萬世之功柰何以一時之利而加萬世功乎是以先之冬晉侯會諸侯於溫欲率之朝周力未能恐其有畔者乃使人言周襄王狩于河陽壬申遂率諸侯朝王於踐土索隱曰左氏五月盟于踐土冬會諸侯于溫天王狩於河陽壬申公朝於王所此文亦說冬朝于王當合於河陽溫地不合取五月踐土之文也孔子讀史記至文公曰諸侯無召王王狩河陽者春秋諱之也丁丑諸侯圍許曹伯臣或說晉侯曰齊桓公合諸侯而國異姓今君為會而滅同姓曹叔振鐸之後晉唐叔之後合諸侯而滅兄弟非

禮晉侯說復曹伯於是晉始作三行服虔曰辟天子六軍故謂
之三行荀林父將中行先縠將右行索隱曰左傳屠擊將右行與此異
先蔑將左行杜預曰三行無佐疑大夫帥也○索隱曰按左傳荀林父並是卿而云大夫帥者非也不置佐者當避天子也或新置三行官未備耳七年晉文公秦繆公共圍鄭
以其無禮於文公亡過時及城濮時鄭助楚也
圍鄭欲得叔瞻叔瞻聞之自殺鄭持叔瞻告晉
晉曰必得鄭君而甘心焉鄭恐乃閒令使謂秦
繆公曰索隱曰使謂燭之武也亡鄭厚晉於晉得矣而秦未
爲利君何不解鄭得爲東道交索隱曰交猶好也諸本及左氏皆作主
秦伯說罷兵晉亦罷兵九年冬晉文公卒子襄

公歡立是歲鄭伯亦卒鄭人或賣其國於秦正義曰左傳云秦晉伐鄭燭之武說秦師罷令杞子逢孫楊孫三大夫戍鄭杞子自鄭使告於秦曰鄭人使我掌其北門之管若潛師以來國可得也秦繆公發兵往襲鄭十二月秦兵過
我郊襄公元年春秦師過周無禮王孫滿譏之
兵至滑鄭賈人弦高將市于周遇之以十二牛
勞秦師秦師驚而還滅滑而去晉先軫曰秦伯
不用蹇叔反其衆心此可擊欒枝曰未報先君
施於秦擊之不可先軫曰秦侮吾孤伐吾同姓
何德之報遂擊之襄公墨衰絰賈逵曰墨變凶杜預曰以凶服從戎故墨之四月敗秦師于殽虜秦三將孟明視西乞秫

白乙丙以歸遂墨以葬文公（服虔曰非禮也杜預曰記禮所由變也）文公夫人秦女謂襄公曰秦欲得其三將戮之公許遣之先軫聞之謂襄公曰患生矣軫乃追秦將秦將渡河已在船中頓首謝卒不反後三年秦果使孟明伐晉報殽之敗取晉汪以歸（索隱曰左氏傳文公二年秦孟明視伐晉報殽之役無取晉汪之事又其年冬晉先且居等伐秦取汪彭衙而還則汪是秦邑止可晉伐秦取之豈得秦伐晉而取汪也或者晉先取之秦今伐晉而取汪是汪從晉來故云取晉汪而歸也彭衙在郃陽北汪不知所在）四年秦繆公大興兵伐我渡河取王官（正義曰括地志云王官故城在同州澄城縣西北六十里左傳文三年秦伐晉取王官即此先言渡河史文顛倒耳）封殽尸而去晉恐不敢出遂城守五年晉伐秦取新

城（服虔曰秦邑新所作城也）報王官役也六年趙衰成子欒貞子咎季子犯霍伯皆卒（賈逵曰欒貞子欒枝也霍伯先且居也）趙盾代趙衰執政七年八月襄公卒太子夷皐少晉人以難故（服虔曰晉國數有患難）欲立長君趙盾曰立襄公弟雍好善而長先君愛之且近於秦秦故好也立善則固事長則順奉愛則孝結舊好則安賈季曰不如其弟樂辰嬴嬖於二君（服虔曰辰嬴懷嬴也二君懷公文公）立其子民必安之趙盾曰辰嬴賤班在九人下（服虔曰班次也）其子何震之有（賈逵曰震威也）且爲二君嬖淫也爲先君子（正義曰樂文公子也）不能求大而出在小國僻也母淫

子僻無威正義曰辟疋亦反言樂辟隱在陳而遠無援也陳小而遠無援將何可乎使士會如秦迎公子雍賈季亦使人召公子樂於陳趙盾廢賈季以其殺陽處父左傳曰此時賈佗為太師陽處父為太傅十月葬襄公十一月賈季奔翟是歲秦穆公亦卒靈公元年四月秦康公曰昔文公之入也無衞故有呂郤之患乃多與公子雍衞太子母繆嬴日夜抱太子以號泣於朝曰先君何罪其嗣亦何罪舍適而外求君將安置此出朝則抱以適趙盾所頓首曰先君奉此服虔曰此太子子而屬之子曰此子材吾受其賜不材吾怨子

王肅曰怨其教道不至今君卒言猶在耳杜預曰在宣子之耳而弃之若何趙盾與諸大夫皆患穆嬴且畏誅乃背所迎而立太子夷皐是為靈公發兵以距秦送公子雍者趙盾為將往擊秦敗之令狐先蔑隨會亡奔秦秋齊宋衞鄭曹許君皆會趙盾盟於扈杜預曰鄭地滎陽卷縣西北有扈亭以靈公初立故也四年伐秦取少梁秦亦取晉之郩徐廣曰年表云北徵也○索隱曰按左傳文十年春晉人伐秦取少梁夏秦伯伐晉取北徵北徵即年表所謂今云郩者字誤也徵音懲亦馮翊之縣名六年秦康公伐晉取羈馬晉侯怒使趙盾趙穿郤缺擊秦大戰河曲趙穿最有功七年晉六卿患隨會之在秦

常爲晉亂乃詳令魏壽餘反晉降秦秦使隨會之魏因執會以歸晉八年周頃王崩公卿爭權故不赴索隱曰春秋魯文十二年頃王崩周公閱與王孫蘇爭政故不赴是也晉使趙盾以車八百乘平周亂而立匡王索隱曰左傳文十四年晉趙盾以諸侯之師八百乘納捷菑于邾不克乃還而周公閱與王孫蘇訟于晉趙宣子平王室而復之則以車八百乘自是宣子納邾捷菑不關王室之事但文相連耳恐此誤是年楚莊王初即位十二年齊人弒其君懿公十四年靈公壯侈厚斂以彫牆賈逵曰彫畫也從臺上彈人觀其避丸也宰夫胹熊蹯不熟服虔曰蹯熊掌其肉難熟○正義曰胹音而蹯音樊靈公怒殺宰夫使婦人持其屍出棄之過朝趙盾隨會前數諫不聽已又見死人手二人前諫隨會先諫不聽靈公患之使鉏麑刺趙盾賈逵曰鉏麑晉力士○正義曰鉏音鋤麑音迷盾閨門開居處節鉏麑退歎曰殺忠臣棄君命罪一也遂觸樹而死杜預曰趙盾庭樹也初盾常田首山徐廣曰蒲坂縣有雷首山見桑下有餓人餓人示眯明也索隱曰鄒誕生音示眯爲祁彌即左傳之提彌明也提音市移反劉氏亦音祁爲時移反則祁提二字同音也而凡史記作示者示即周禮古本地神曰祇皆作示字鄒爲祁者盖由祁提音相近字遂變爲祁也眯音米移反以眯爲彌亦音相近耳又據左氏宣公二年桑下餓人是靈輒也其示眯明是嗾獒者也眯明鬭而死今合二人爲一人非也盾與之食食其半問其故曰宦三年服虔曰宦官學士也未知母之存不願遺母盾義之益與之飯肉已而爲晉宰夫趙盾弗復知

也九月晉靈公飲趙盾酒伏甲將攻盾公宰示眯明知之恐盾醉不能起而進曰君賜臣觴三行（索隱曰如字）可以罷欲以去趙盾令先毋及難盾既去靈公伏士未會先縱齧狗名敖（何休曰犬四尺曰敖。○索隱曰縱足用反又作嗾又作就同素后反）明爲盾搏殺狗盾曰弃人用狗雖猛何爲然不知明之爲陰德也已而靈公縱伏士出逐趙盾示眯明反擊靈公之伏士伏士不能進而竟脫盾盾問其故曰我桑下餓人問其名弗告（服虔曰不望報）明亦因亡去盾遂奔未出晉境乙丑盾昆弟將軍趙穿襲殺靈公於桃園（虞翻曰園名也）而

迎趙盾趙盾素貴得民和靈公少侈民不附故爲弑易（索隱曰以豉反）盾復位晉太史董狐書曰趙盾弑其君以視於朝盾曰弑者趙穿我無罪太史曰子爲正卿而亡不出境反不誅國亂非子而誰孔子聞之曰董狐古之良史也書法不隱（杜預曰不隱盾之罪）宣子良大夫也爲法受惡（服虔曰聞義則服杜預曰善其爲法受屈也。○正義曰爲于僞反）惜也出疆乃免（杜預曰越境則君臣之義絶可以不討賊也）趙盾使趙穿迎襄公弟黑臀于周而立之是爲成公成公者文公少子其母周女也壬申朝于武宮成公元年賜趙氏爲公族（服虔曰公族大夫也）伐鄭鄭倍

晉故也三年鄭伯初立附晉而弃楚楚怒伐鄭晉往救之六年伐秦虜秦將赤索隱曰赤即斥謂斥候之人也按宣八年左傳晉伐秦獲秦諜殺諸絳市蓋彼諜即此赤也晉成公六年與魯宣八年正同故知然也七年成公與楚莊王爭彊會諸侯于扈陳畏楚不會晉使中行桓子伐陳索隱曰桓子荀林父也因救鄭與楚戰敗楚師是年成公卒子景公據立景公元年春陳大夫夏徵舒弑其君靈公二年楚莊王伐陳誅徵舒三年楚莊王圍鄭鄭告急晉晉使荀林父將中軍隨會將上軍趙朔將下軍郤克欒書先穀韓厥鞏朔佐之六月至河聞楚已服鄭鄭伯肉

祖與盟而去荀林父欲還先穀曰凡來救鄭不至不可將率離心卒度河楚已服鄭欲飲馬于河為名而去楚與晉軍大戰鄭新附楚畏之反助楚攻晉晉軍敗走河爭度舡中人指甚衆楚虜我將智罃歸而林父曰臣為督將軍敗當誅請死景公欲許之隨會曰昔文公之與楚戰城濮成王歸殺子玉而文公乃喜今楚已敗我師又誅其將是助楚殺仇也乃止四年先穀以首計而敗晉軍河上恐誅乃奔翟與翟謀伐晉晉覺乃族穀穀先軫子也五年伐鄭為助楚故也

是時楚莊王彊以挫晉兵河上也六年楚伐宋宋來告急晉晉欲救之伯宗謀曰（賈逵曰伯宗晉大夫）楚天方開之不可當乃使解揚紿爲救宋（服虔曰解揚晉大夫）鄭人執與楚楚厚賜使反其言令宋急下解揚紿許之卒致晉君言楚欲殺之或諫乃歸解揚七年晉使隨會滅赤狄八年使郤克於齊齊頃公母從樓上觀而笑之所以然者郤克僂而魯使蹇衛使眇故齊亦令人如之以導客郤克怒歸至河上曰不報齊者河伯視之至國請君欲伐齊景公問知其故曰子之怨安足以煩國弗聽

魏文子請老休辟郤克克執政九年楚莊王卒晉伐齊齊使太子彊爲質於晉晉兵罷十一年春齊伐魯取隆（索隱曰劉氏云隆即龍也魯北有隆山又此年當魯成二年經書齊侯伐我北鄙傳曰圍龍又鄒誕及別本作俏字俏當作鄆文十二年季孫行父帥師城諸及鄆鄆即俏也字變耳地理志云在東莞縣東）魯告急衛衛與魯皆因郤克告急於晉乃使郤克欒書韓厥以兵車八百乘與魯衛共伐齊夏與頃公戰於鞌傷困頃公頃公乃與其右易位下取飲以得脫去齊師敗走晉追北至齊頃公獻寶器以求平不聽郤克曰必得蕭桐姪子爲質（索隱曰傳作叔子）齊使曰蕭桐姪子頃公母頃公母

猶晉君母奈何必得之不義請復戰晉乃許與
平而去楚申公巫臣盜夏姬以奔晉晉以巫臣
為邢大夫[賈逵曰邢晉邑]十二年冬齊頃公如晉欲上尊
晉景公為王景公讓不敢晉始作六卿[賈逵曰初作六軍僭
王也]韓厥鞏朔趙穿荀騅趙括趙旃皆為卿[索隱曰騅
音佳謚文子也]智罃自楚歸十三年魯成公朝晉晉弗敬
魯怒去倍晉晉伐鄭取氾十四年梁山崩[公羊傳曰梁山
河上山杜預曰在馮翊夏陽縣北也]問伯宗伯宗以為不足怪也[徐廣曰年表云
伯宗隱其人用其言]十六年楚將子反怨巫臣滅其族巫臣
怒遺子反書曰必令子罷於奔命乃請使吳令
其子為吳行人教吳乘車用兵吳晉始通約伐
楚十七年誅趙同趙括族滅之韓厥曰趙衰趙
盾之功豈可忘乎奈何絕祀乃復令趙庶子武
為趙後復與之邑十九年夏景公病立其太子
壽曼為君是為厲公後月餘景公卒厲公元年
初立欲和諸侯與秦桓公夾河而盟歸而秦倍
盟與翟謀伐晉三年使呂相讓秦[賈逵曰呂相晉大夫]因與
諸侯伐秦至涇敗秦於麻隧虜其將成差五年
三郤讒伯宗殺之[賈逵曰三郤郤錡郤犨郤至]伯宗以好直諫
得此禍國人以是不附厲公六年春鄭倍晉與

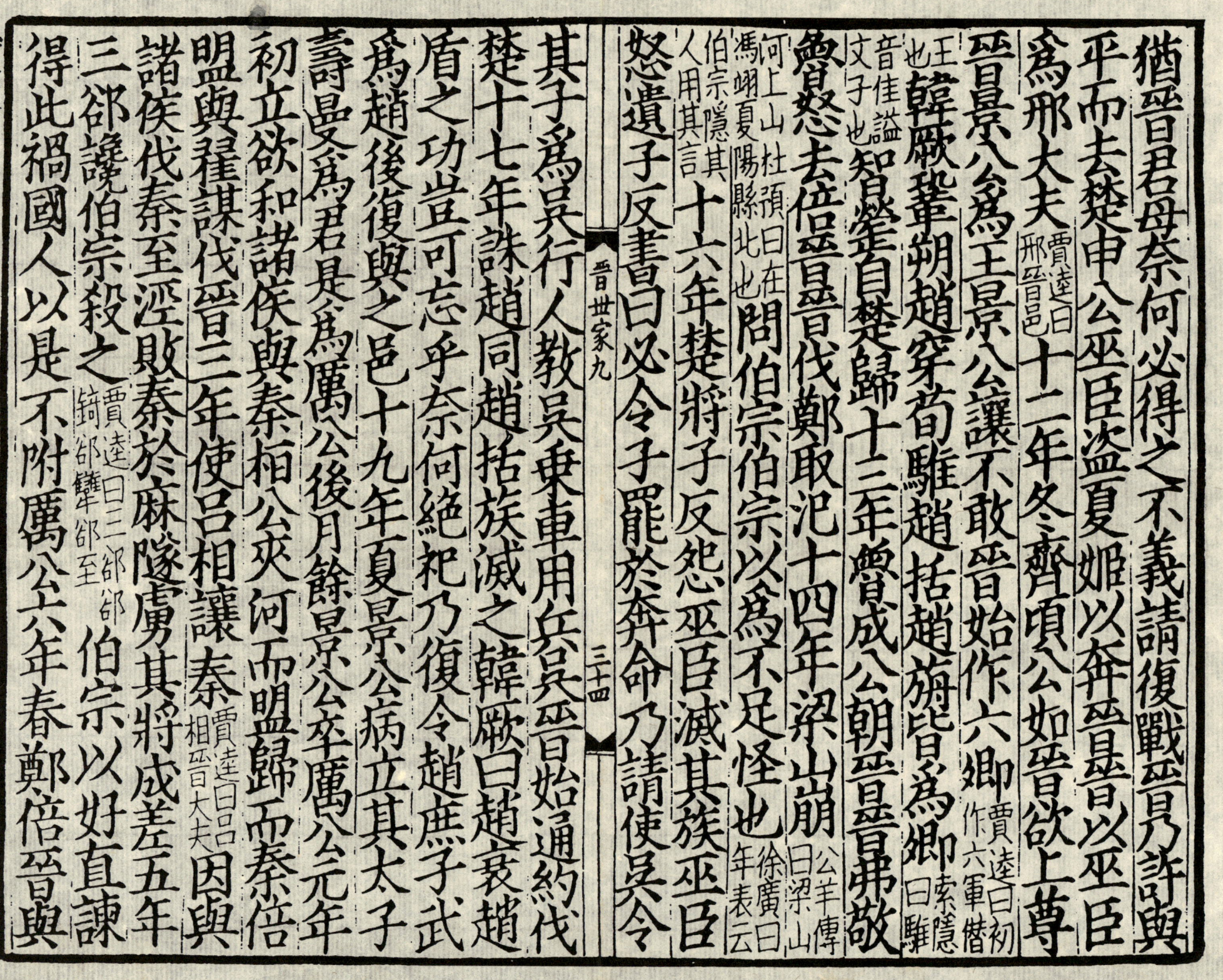

楚盟晉怒欒書曰不可以當吾世而失諸侯乃發兵厲公自將五月渡河聞楚兵來救范文子請公欲還郤至曰發兵誅逆見彊辟之無以令諸侯遂與戰癸巳射中楚共王目楚兵敗於鄢陵（徐廣曰一作焉服虔曰鄢陵鄭之東南地也。索隱曰鄢音偃又於連反）子反收餘兵拊循欲復戰晉患之共王召子反其侍者豎陽穀進酒子反醉不能見王王怒讓子反子反死王遂引兵歸晉由此威諸侯欲以令天下求霸厲公多外嬖姬歸欲盡去羣大夫而立諸姬兄弟寵姬兄曰胥童嘗與郤至有怨及欒書又怨郤至

不用其計而遂敗楚（左傳曰欒書欲待楚師退而擊之郤至云楚有六間不可失也）乃使人間謝楚楚來詐厲公曰鄢陵之戰實至召楚欲作亂內子周立之會與國不具是以事不成厲公告欒書欒書曰其殆有矣願公試使人之周（虞翻曰周京師）微考之果使郤至於周欒書又使公子周見郤至郤至不知見賣也厲公驗之信然遂怨郤至欲殺之八年厲公獵與姬飲郤至殺豕奉進宦者奪之（索隱曰宦者孟張）郤至射殺宦者公怒曰季子欺予（杜預曰公反以為郤至奪豕也）將誅三郤未發也郤錡欲攻公曰我雖死公亦病矣郤至曰信不反君

智不害民勇不作亂失此三者誰與我我死耳十二月壬午公令胥童以兵八百人襲攻殺三郤胥童因以劫欒書中行偃于朝曰不殺二子患必及公公曰一旦殺三卿寡人不忍益也對曰人將忍君（杜預曰人謂書偃）公弗聽謝欒書等以誅郤氏罪大夫復位二子頓首曰幸甚幸甚公使胥童爲卿閏月乙卯厲公游匠驪氏（賈逵曰匠驪氏晉外嬖大夫在翼者）欒書中行偃以其黨襲捕厲公囚之殺胥童而使人迎公子周（徐廣曰一作糾）于周而立之是爲悼公

悼公元年正月庚申欒書中行偃弑厲公葬之（左傳曰葬之于翼東門之外）以一乘車（杜預曰言不以君禮葬也諸侯葬車七乘）厲公囚六日死死十日庚午智罃迎公子周來至絳刑雞與大夫盟而立之是爲悼公辛巳朝武宮二月乙酉即位悼公周者其大父捷晉襄公少子也不得立號爲桓叔桓叔最愛桓叔生惠伯談談生悼公周周之立年十四矣悼公曰大父父皆不得立而辟難於周客死焉寡人自以疏遠毋幾爲君（索隱曰幾音冀謂望也）今大夫不忘文襄之意而惠立桓叔之後賴宗廟大夫之靈得奉晉祀豈敢不戰戰乎大夫其亦佐寡人於是逐不臣者

七人脩舊功施德惠收文公入時功臣後秋伐鄭鄭師敗遂至陳三年晉會諸侯索隱曰於雞澤也悼公問羣臣可用者祁傒舉解狐解狐傒之仇復問舉其子祁午君子曰祁傒可謂不黨矣外舉不隱仇内舉不隱子方會諸侯悼公弟楊干亂行賈逵曰行陳也魏絳戮其僕賈逵曰僕御也悼公怒或諫公公卒賢絳任之政使和戎戎大親附十一年悼公曰自吾用魏絳九合諸侯服虔曰九合一謂會于戚二會城棣救陳三會于鄬四會于邢丘五同盟于戲六會于柤七戍鄭虎牢八同盟于亳城北九會于蕭魚和戎翟魏子之力也賜之樂三讓乃受之冬秦取我櫟索隱曰音歷譯例云在河北地

闕

十四年晉使六卿率諸侯伐秦度涇大敗秦軍至棫林而去十五年悼公問治國於師曠師曠曰唯仁義為本冬悼公卒子平公彪立平公元年伐齊齊靈公與戰靡下徐廣曰靡一作歷○索隱曰劉氏靡音眉綺反即靡笄也齊師敗走晏嬰曰君亦毋勇何不止戰遂去晉追遂圍臨菑盡燒屠其郭中東至膠南至沂齊皆城守晉乃引兵歸六年魯襄公朝晉晉欒逞有罪奔齊八年齊莊公微遣欒逞於曲沃以兵隨之齊兵上太行欒逞從曲沃中反襲入絳不戒平公欲自殺范獻子止公以其徒擊逞

逞敗走曲沃曲沃攻逞逞死遂滅欒氏宗逞者欒書孫也左傳逞作盈其入絳與魏氏謀齊莊公聞逞敗乃還取晉之朝歌去以報臨菑之役也十年齊崔杼弑其君莊公晉因齊亂伐敗齊於高唐去報太行之役也十四年吳延陵季子來使與趙文子韓宣子魏獻子語曰晉國之政卒歸此三家矣十九年齊使晏嬰如晉與叔嚮語叔嚮曰晉季世也公厚賦爲臺池而不恤政政在私門其可久乎晏子然之二十二年伐燕二十六年平公卒子昭公夷立昭公六年卒六卿彊公室卑索隱曰韓趙魏范中行及晉氏爲六卿後韓趙魏爲三卿而分晉政故曰三晉子頃公去疾立頃公六年周景王崩王子爭立晉六卿平王室亂立敬王九年魯季氏逐其君昭公昭公居乾侯十一年衛宋使使請晉納魯君季平子私賂范獻子獻子受之乃謂晉君曰季氏無罪不果入魯君十二年晉之宗家祁傒孫叔嚮子相惡於君六卿欲弱公室乃遂以法盡滅其族而分其邑爲十縣各令其子爲大夫晉益弱六卿皆大十四年頃公卒子定公午立定公十一年魯陽虎奔晉趙鞅簡子舍之十二年孔子相

魯十五年趙鞅使邯鄲大夫午不信欲殺午午與中行寅范吉射親攻趙鞅（索隱曰寅荀偃之孫射音亦范獻子士鞅之子）鞅走保晉陽定公圍晉陽荀櫟韓不信魏侈與范中行爲仇乃移兵伐范中行范中行反晉君擊之敗范中行范中行走朝歌保之韓魏爲趙鞅謝晉君乃赦趙鞅復位二十二年晉敗范中行氏二子奔齊三十年定公與吳王夫差會黃池爭長趙鞅時從卒長吳（徐廣曰吳世家說黃池之盟云趙鞅怒將戰吳乃長晉定公左氏傳云乃先晉人外傳云吳公先歃晉公次之）三十一年齊田常弒其君簡公而立簡公弟驁爲平公三十三年孔子卒

三十七年定公卒子出公鑿立出公十七年（徐廣曰年表云出公立十八年或云二十年）知伯與趙韓魏共分范中行地以爲邑出公怒告齊魯欲以伐四卿（索隱曰時趙魏韓共滅范氏及中行氏而分其地猶有智氏與三晉故云四卿）四卿恐遂反攻出公出公奔齊道死故知伯乃立昭公曾孫驕爲晉君是爲哀公（索隱曰趙系家云驕是爲懿公又年表云出公十八年次哀公忌二年次懿公驕十七年紀年又云出公二十三年奔楚乃立昭公之孫是爲敬公系本亦云昭公生桓公子雍生忌忌生懿公驕然晉趙系家及年表並皆不同何況紀年之說也）哀公大父雍晉昭公少子也號爲戴子（徐廣曰世本作桓子雍注云戴子）戴子生忌忌善知伯早死故知伯欲盡并晉未敢乃立忌子驕爲君當是時晉

國政皆決知伯晉哀公不得有所制知伯遂有范中行地最彊哀公四年趙襄子韓康子魏桓子共殺知伯盡并其地索隱曰如年紀之說此乃出公二十二年事十八年哀公卒子幽公柳立幽公之時晉畏反朝韓趙魏之君索隱曰畏懼也爲衰弱故反朝韓趙魏也宋忠引此注系本而畏字作衰獨有絳曲沃餘皆入三晉十五年魏文侯初立索隱曰按紀年魏文侯初立在敬公十八年十八年幽公淫婦人夜竊出邑中盜殺幽公索隱曰紀年云夫人秦嬴賊公於高寢之上魏文侯以兵誅晉亂立幽公子止是爲烈公索隱曰系本幽公生烈成公止又年表云魏誅幽公立其弟止也烈公十九年周威烈王賜趙韓魏皆命爲諸侯二十七年烈公卒子孝公頎立索隱曰系本云孝公傾欣紀年以孝公爲桓公故韓子有晉桓侯孝公九年魏武侯初立襲邯鄲不勝而去十七年孝公卒索隱曰紀年云桓公二十年趙成侯韓共侯遷桓公於屯留已後更無晉事子靜公俱酒立索隱曰系本云靜公俱是歲齊威王元年也靜公二年魏武侯韓哀侯趙敬侯滅晉後而三分其地索隱曰紀年云魏武侯以桓公十九年卒韓哀侯趙敬侯並以桓公十五年卒又趙系家烈侯十六年與韓分晉封晉君端氏其後十年肅侯徙晉於屯留不同也靜公遷爲家人晉絕不祀

太史公曰晉文公古所謂明君也亡居外十九年至困約及即位而行賞尚忘介子推況驕主